INSTRUCTION DU 22 OCTOBRE 1905

SUR

L'APTITUDE PHYSIQUE

AU

SERVICE MILITAIRE

2ᵉ édition, mise à jour au 15 juillet 1908

PARIS

Henri CHARLES-LAVAUZELLE

Éditeur militaire

10, Rue Danton, Boulevard Saint-Germain, 118

(MÊME MAISON A LIMOGES)

INSTRUCTION DU 22 OCTOBRE 1905

SUR

L'APTITUDE PHYSIQUE

AU

SERVICE MILITAIRE

2e édition, mise à jour au 15 juillet 1908

PARIS

Henri CHARLES-LAVAUZELLE

Éditeur militaire

10, Rue Danton, Boulevard Saint-Germain, 118

(MÊME MAISON A LIMOGES)

INSTRUCTION DU 22 OCTOBRE 1905

SUR

L'APTITUDE PHYSIQUE

AU

SERVICE MILITAIRE

Paris, le 22 octobre 1905.

La présente instruction a été rédigée pour remplacer celle du 31 janvier 1902, en vue de l'application de la loi du 21 mars 1905, qui impose deux ans de service effectif, non seulement aux hommes reconnus bons pour le service armé, mais aussi à ceux qui sont reconnus aptes au service auxiliaire.

Elle servira de guide pour l'examen des hommes de la classe 1905 et des classes suivantes.

Toutefois, les dispositions du titre IV de la loi du 21 mars 1905, relatives aux engagements, rengagements et commissions, étant applicables depuis la promulgation de cette loi, les commandants de recrutement et les médecins militaires devront, dès à présent, s'inspirer des considérations préliminaires de la présente instruction concernant les engagements.

I. — Considérations préliminaires.

Exemption.

La loi sur le recrutement de l'armée du 21 mars 1905 exempte du service militaire les jeunes gens que leur incapacité physique rend impropres au service, soit armé, soit auxiliaire.

Cette exemption est prononcée en séance publique par un conseil de revision assisté d'un ou de plusieurs médecins, qui examinent les jeunes gens et donnent leur avis sur leur aptitude au service militaire. Le conseil ne peut statuer qu'après avoir entendu l'avis du médecin.

Cet avis est consigné dans une colonne spéciale, en face de chaque nom, sur les tableaux de recensement (art. 16).

Ajournement.

Le conseil de revision peut décider l'ajournement à l'année suivante des jeunes gens qui sont reconnus d'une constitution physique trop faible.

Service auxiliaire.

Le conseil de revision classe dans le service auxiliaire, d'emblée ou après ajournement, les jeunes gens qui, étant atteints d'une infirmité relative, *sans que leur constitution générale soit douteuse,* ne sont pas aptes au service armé, mais peuvent être utilisés dans certains emplois.

Engagements.

L'armée active se recrute non seulement par la voie des appels, mais encore par des engagements, par des rengagements et par des commissions. Ces divers modes de recrutement étant naturellement subordonnés aux conditions d'aptitude physique nécessaires pour faire un service armé, les sujets sont soumis avant tout, en présence du chef de corps ou du commandant de recrutement, à l'examen d'un médecin militaire qui certifie cette aptitude par écrit.

Les jeunes gens qui demandent à contracter un engagement présentent parfois un développement encore incomplet ou cherchent à dissimuler soit une maladie, soit une infirmité, qui les rend impropres au service militaire. Les candidats à l'engagement doivent présenter les mêmes conditions d'aptitude physique que les appelés. On procède néanmoins à l'examen de ces jeunes gens avec un soin tout particulier.

L'engagé peut avoir été déclaré impropre au service par le conseil de revision, ou, s'il a déjà servi, avoir été réformé. Il peut aussi, ayant été réformé pour des motifs autres que des blessures reçues en service commandé ou des infirmités contractées dans les armées de terre ou de mer, être ultérieurement compris dans un contingent par le conseil de revision, si les motifs de réforme ont cessé d'exister.

Réformes et retraites.

Tous les jeunes gens inscrits sur les tableaux de recensement qui n'ont pas été exemptés, les engagés, les rengagés et les commissionnés, ne peuvent sortir de l'armée avant le terme fixé par la loi, que par la réforme ou par la retraite si leur aptitude au service militaire vient à cesser.

Le médecin est encore, dans cette circonstance, appelé à examiner l'aptitude militaire des sujets devant les commissions spéciales instituées à cet effet, et il doit certifier, par écrit, les conclusions de son examen, en observant avec soin les formes prescrites, suivant les différents cas, par les instructions ministérielles (Notice 5 du règlement sur le service de santé de l'armée à l'intérieur).

En principe, toute infirmité ou maladie qui, après l'échec d'un traitement rationnel et prolongé, aura pour conséquence d'entraîner l'impossibilité absolue de servir et de rentrer ultérieurement au service, devra motiver la réforme définitive.

La réforme temporaire pourra être prononcée si l'intéressé est atteint d'une affection qui le met dans l'impossibilité absolue de servir actuellement, mais non de rentrer ultérieurement au service.

L'affection qui aura motivé la réforme temporaire pourra justifier la réforme définitive lorsque la guérison n'en aura pas été obtenue pendant la durée du congé de réforme temporaire.

II. — Mode d'examen des hommes.

L'homme à examiner devant le conseil de revision doit se présenter entièrement nu. Pendant qu'il s'avance, le médecin juge d'un coup d'œil général s'il présente des défectuosités saillantes dans la conformation ou dans la marche. Il complète cet examen d'ensemble en faisant placer le sujet debout devant lui, les talons rapprochés, les bras pendant sur les côtés du corps, les mains ouvertes et la paume dirigée en avant.

Le médecin passe ensuite successivement à l'examen détaillé des différentes parties du corps, en commençant par la tête et en procédant pour chaque région de l'extérieur à l'intérieur.

Il s'assure par tous les moyens d'investigation :

1° Si le sujet est sain, bien conformé, et si rien ne porte obstacle à la plénitude des mouvements nécessaires à la profession des armes ;

2° Si aucune partie du corps n'est exposée à souffrir du port des vêtements, de l'équipement et des armes ;

3° Si, par suite de faiblesse organique, de prédisposition morbide ou de maladie déjà existante, la santé et la vie du sujet ne seraient pas directement compromises par les conditions habituelles du service militaire

4° Si quelque maladie ou infirmité, sans gêner l'exercice des fonctions, n'est pas de nature à se transmettre ou à exciter le dégoût, ce qui la rend incompatible avec la vie en commun des soldats.

On peut, pour cet examen, recourir à tous les moyens d'exploration exempts d'inconvénients, tels que rubans métriques, bascules, stéthoscopes, optomètres, ophtalmoscopes, otoscopes et autres n'exigeant pas une action chirurgicale.

L'emploi des mydriatiques, reconnu inoffensif, est autorisé.

L'usage des anesthésiques est interdit.

Les difficultés habituelles du diagnostic médical sont parfois augmentées par des tentatives de fraude, simulations et dissimulations, contre lesquelles la sagacité du médecin doit être en garde. Celui-ci sera très circonspect avant d'exposer le sujet, par une accusation de cette nature, à des poursuites judiciaires et aux sévérités de la loi.

La dissimulation de maladies, rare chez les appelés, est plus fréquente chez les engagés volontaires, les rengagés et les commissionnés.

Devant le conseil de revision, dont les opérations sont rapides, il n'est pas toujours possible de résoudre, séance tenante, toutes ces questions de diagnostic. Dans les cas douteux, le médecin peut demander de suspendre son avis, soit jusqu'à la fin de la séance, soit jusqu'à une autre séance, afin de lui permettre de procéder à un examen plus approfondi, qui pourra être fait dans un hôpital ; ou afin d'attendre les documents d'une enquête, si elle est reconnue nécessaire.

Le conseil a aussi la faculté de renvoyer, à une date ultérieure et avant la clôture de ses opérations, l'examen des hommes qui sont atteints de maladies ou d'affections dont la guérison est possible dans un laps de temps restreint et en particulier des affections aiguës fébriles.

Un même sujet peut offrir à la fois plusieurs maladies ou infirmités, qui, prises isolément, sont compatibles avec les exigences du service militaire, tandis que, réunies, elles peuvent constituer un ensemble assez défectueux pour motiver l'exemption ou la réforme.

Toutes les armes ou services ne nécessitent pas des aptitudes identiques, puisque leurs attributions diffèrent. Dans les unes, certaines aptitudes physiques doivent être prépondérantes ; dans les autres, certaines imperfections ou même certains défauts de conformation qui rendraient tout à fait inapte au service dans certaines armes, sont peu gênants ; il appartient à l'autorité militaire de tenir compte de ces

— 5 —

conditions, afin de répartir les hommes conformément à leurs
aptitudes et aux besoins des diverses armes. Les conseils de
revision sont généralement disposés à accorder l'exemption
pour des infirmités visibles ou palpables, quoique souvent
légères, et ils se montrent plus rigoureux quand il s'agit d'altérations viscérales, dont ne peuvent se rendre compte les
personnes étrangères à la médecine. Il appartient alors à
l'expert de ne pas se borner à une simple déclaration de ses
conclusions, mais de faire apprécier par quelques explica-
tions les motifs qui légitiment l'inaptitude du sujet au service militaire. Il expliquera par contre comment une infirmité
très apparente peut être cependant compatible, soit avec le
service auxiliaire, soit même avec le service armé.

Lorsque l'homme à examiner au point de vue de l'aptitude
militaire est incorporé, la tâche devient plus facile pour le
médecin qui n'est plus dans l'obligation de poser séance tenante un diagnostic souvent compliqué.

Le médecin a le temps de s'éclairer par des enquêtes, le
sujet peut être étudié à loisir, et, s'il est besoin, mis en observation dans un hôpital militaire.

Les instruments nécessaires pour procéder à l'examen médical
des hommes dans les bureaux de recrutement et devant les conseils
de revision sont délivrés gratuitement comme aux corps de
troupe, sur une demande en double expédition adressée par les
commandants de recrutement au directeur du service de santé du
corps d'armée.

La présente instruction ne saurait être considérée comme
un code de prescriptions absolues; mais les indications qu'elle
contient, combinées judicieusement avec les résultats de chaque examen individuel, doivent diriger les médecins et peuvent concourir à éclairer les membres du conseil chargé de
statuer.

Les jeunes gens montrent quelquefois de la répugnance à
subir la visite du médecin. Une apparence d'appréhension de
la part d'un sujet doit engager l'expert à procéder à la visite
avec encore plus de patience, de douceur et de bienveillance
que de coutume et avec un redoublement de précautions, afin
de mettre les jeunes gens à l'abri d'une curiosité indiscrète et
de ménager les légitimes susceptibilités des familles.

**III. — Maladies, infirmités ou vices de conformation
susceptibles de motiver l'ajournement, l'exemption ou
le classement dans le service auxiliaire, la réforme
définitive ou la réforme temporaire.**

Les hommes physiquement irréprochables ne sont pas les
plus nombreux, et le recrutement de l'armée serait très diffi-

cile si l'aptitude physique non seulement au service armé mais aussi aux nombreux emplois du service auxiliaire n'avait été reconnue compatible avec certaines maladies, infirmités ou vices de conformation.

Ces mêmes affections peuvent cependant légitimer l'exemption ou la réforme quand elles atteignent certains degrés. Ceux-ci sont indiqués dans la nomenclature suivante, en même temps que les affections absolument incompatibles avec le service militaire.

Les experts trouveront également dans cette nomenclature l'énumération des affections susceptibles de motiver la réforme temporaire ; mais ces indications ont moins pour objet d'assigner des limites absolues aux propositions des médecins que de leur montrer, par des exemples appropriés, dans quel esprit il convient d'appliquer les lois sur le recrutement et sur la réforme temporaire.

AFFECTIONS EN GÉNÉRAL

1. Constitution physique trop faible.

La constitution physique trop faible peut se traduire soit par la faiblesse générale de complexion, l'amaigrissement, l'état malingre de l'ensemble de l'organisme, soit par la débilité résultant d'une maladie aiguë ou d'une cause accidentelle et transitoire.

Suivant ses degrés et son pronostic, cet état d'insuffisance physique peut motiver l'ajournement à l'année suivante ou l'exemption, la réforme temporaire ou la réforme définitive.

2. Obésité.

L'obésité, lorsqu'elle apporte un obstacle considérable à la marche ainsi qu'aux obligations variées de la vie militaire, entraîne, suivant ses degrés, le classement dans le service auxiliaire ou l'exemption.

Quant à la réforme, elle ne pourra être prononcée que si l'obésité ne paraît pas susceptible de disparaître sous l'influence d'une vie active.

3. Cachexies.

Les cachexies paludéenne, saturnine, mercurielle, pellagreuse profondément accusées, accompagnées de lésions organiques graves, nécessitent l'exemption et la réforme quand on n'en peut prévoir la guérison. Dans le cas contraire, il y aura lieu de prononcer la réforme temporaire.

4. Rhumatisme, goutte et gravelle.

Le rhumatisme, la goutte et la gravelle, lorsqu'ils ont déterminé des altérations organiques manifestes, une gêne notable dans les fonctions, justifient l'exemption et la réforme.

5. Diabète et albuminurie.

Le diabète et l'albuminurie persistants motivent l'exemption et la réforme.

6. Tuberculose.

Les tuberculoses viscérales, si légers qu'en soient les indices, motivent toujours l'exemption et la réforme. Il importe de ne pas attendre les déclarations des malades et d'assurer par les enquêtes et examens nécessaires l'exclusion absolue et aussi rapide que possible des militaires atteints de cette affection.

Les tuberculoses locales qui paraissent susceptibles de guérison motiveront d'abord la réforme temporaire. On prendra la même décision vis-à-vis des sujets dont l'état d'affaiblissement morbide ferait craindre une imminence de tuberculisation.

7. Syphilis et autres maladies vénériennes.

Les ulcères phagédéniques étendus, les accidents tertiaires tels que syphilides ulcéreuses graves, nécroses syphiliques avec perte de substance et déformation notable, lésions syphilitiques du système nerveux et des viscères peuvent motiver l'exemption.

Les mêmes accidents, après échec d'un traitement rationnel et prolongé, justifient la réforme.

La blennorrhagie, la blennorrhée, les ulcères vénériens simples, les bubons, les ulcères syphilitiques et les accidents secondaires ne sont jamais une cause d'exemption.

8. Morve, lèpre, actinomycose.

La morve et la lèpre entraînent l'inaptitude au service militaire.

L'actinomycose est une cause d'exemption et de réforme.

9. Eczéma et impétigo chroniques.

L'eczéma et l'impétigo chroniques étendus, tenaces et sujets à récidive, donnent lieu à l'exemption.

Les mêmes affections, lorsqu'elles paraissent susceptibles de guérir à longue échéance, pourront motiver la réforme temporaire.

La réforme définitive ne sera prononcée que dans les cas où ces maladies seraient absolument rebelles à tout traitement.

10. Lichen chronique, psoriasis et ichthyose.

Le lichen chronique, le psoriasis étendu et rebelle, ainsi que l'ichthyose occupant de grandes surfaces motivent l'exemption et la réforme.

11. Ecthyma, rupia et pemphigus.

Ces affections cutanées ne motivent l'exemption et la réforme que si elles sont chroniques, rebelles et s'accompagnent d'une altération profonde de l'organisme.

Si ces affections, quoique graves, paraissent susceptibles de guérison, elles justifient la réforme temporaire.

12. Acné chronique.

L'acné chronique ne peut motiver l'exemption et la réforme que si l'affection, très prononcée, siège à la face et donne au sujet un aspect repoussant.

13. Lupus.

Le lupus tuberculeux entraîne l'exemption et la réforme.
Le lupus érythémateux peut justifier la réforme temporaire.

14. Sycosis.

Le sycosis tuberculeux est une cause d'exemption.
Cette affection ne motive la réforme que si elle est étendue et rebelle à tout traitement.

15. Eléphantiasis.

L'éléphantiasis est incompatible avec le service militaire.

16. Ulcéres.

Les ulcères, s'ils dépendent d'un état diathésique ou d'une mauvaise constitution, si leur ancienneté est constatée, s'ils sont causés par des varices ou par des troubles trophiques, motivent l'exemption.

Rebelles à un traitement rationnel et prolongé, ils sont une cause de réforme.

17. Cicatrices.

Les cicatrices ne sont des motifs d'exemption et de réforme que lorsqu'elles sont étendues, difformes, sujettes à s'ulcérer, gênent le fonctionnement des organes ou l'exercice des mouvements, le port du vêtement ou de l'équipement militaires.

Les cicatrices peu étendues et peu gênantes permettront, suivant le cas, l'admission dans le service armé ou dans le service auxiliaire.

18. Tumeurs bénignes et productions cornées.

Les tumeurs bénignes et les productions cornées sont compatibles avec le service armé, à moins que, par leur volume et leur siège, elles causent une gêne ou une difformité notables. Dans ces derniers cas, elles peuvent motiver le classement dans le service auxiliaire.

Ces tumeurs ne deviennent un motif de réforme que si elles ne sont pas facilement curables par une intervention chirurgicale.

19. Tumeurs malignes.

Toutes les tumeurs malignes motivent l'exemption et la réforme.

20. Varices et fistules lymphatiques.

Les varices et fistules lymphatiques, suivant leur siège et leur développement, peuvent motiver soit l'exemption, soit le classement dans le service auxiliaire.

Ces affections n'entraînent la réforme que si elles sont très développées et situées de façon à gêner notablement les fonctions d'un membre ou d'un organe.

21. Leucocythémie, adénie et lymphadénie.

La leucocythémie, l'adénie et la lymphadénie sont des causes d'exemption et de réforme.

22. Adénite.

L'adénite aiguë ne constitue pas un cas d'exemption ni de réforme.

L'adénite chronique, lorsqu'elle est volumineuse ou compliquée, peut, selon les degrés, justifier soit l'exemption et la réforme définitive, soit la réforme temporaire.

23. Nœvi materni et tumeurs érectiles.

Les nœvi materni et les tumeurs érectiles sont incompatibles avec le service militaire s'ils sont volumineux, étendus, gênants ou exposés à des pressions habituelles.

24. Anévrismes.

Les anévrismes, quels qu'en soient la variété et le siège, sont des causes d'exemption.

La réforme est prononcée s'ils atteignent un certain volume

et échappent par leur siège aux moyens thérapeutiques rationnels.

25. Névralgies.

Les névralgies, à moins qu'elles ne s'accompagnent de troubles trophiques, mettent rarement dans l'impossibilité de faire un service militaire.

La névralgie faciale, rebelle, justifie la réforme temporaire.

26. Névrômes.

Les névrômes multiples et douloureux motivent, seuls, l'exemption et la réforme.

27. Paralysies.

Les paralysies provenant d'une affection des centres nerveux entraînent l'exemption si elles paraissent définitives.

La réforme sera prononcée après l'échec du traitement.

Les paralysies d'origine périphérique (traumatiques, infectieuses ou toxiques) ne motivent l'exemption que si elles s'accompagnent de troubles fonctionnels et trophiques graves et permanents.

Comme dans les cas de paralysies d'origine centrale, on ne prononcera la réforme qu'après l'insuccès d'un traitement prolongé.

28. Contractures.

Les contractures musculaires, symptomatiques de lésions des centres nerveux, nécessitent l'exemption.

Il en est de même des contractures d'une origine différente, toutes les fois qu'elles sont anciennes, qu'elles ont déterminé soit une gêne prononcée des mouvements soit des positions vicieuses.

La réforme sera prononcée après échec du traitement dans les cas de contractures musculaires, symptomatiques des lésions des centres nerveux. Les contractures d'origine différente, déterminant des attitudes vicieuses et une gêne prononcée des mouvements, pourront motiver la réforme temporaire.

29. Spasmes.

Les tics convulsifs, les contractions musculaires spasmodiques, involontaires, ne sont des causes d'exemption et de réforme que s'ils entravent des fonctions dont l'intégrité est indispensable pour la vie militaire. Lorsque ces troubles sont purement fonctionnels, indépendants de lésions du système nerveux, ils justifient la réforme temporaire.

30. Tremblement.

Le tremblement, lié à une lésion organique des centres nerveux, rend impropre au service militaire. On prononcera la
réforme temporaire si le tremblement est dû à une intoxica-
tion (alcoolique, saturnine, mercurielle) susceptible de guérison.

31. Ruptures et hernies des muscles.

Les ruptures, les sections des muscles ou des tendons, les
hernies musculaires, les ostéomes ne justifient l'exemption et
la réforme qu'autant qu'il en résulte la perte ou la diminution
définitive de fonctions importantes. Un moindre degré de gravité justifierait le classement dans le service auxiliaire. Les
mêmes lésions et affections sont des motifs de réforme temporaire lorsque la gêne fonctionnelle qui en résulte paraît susceptible de guérison.

32. Adhérences et rétractions musculaires.

Les adhérences et les rétractions musculaires ou tendineuses, apportant un obstacle définitif à l'exécution de mouvements importants, sont des causes d'incapacité de servir. Elles
justifient le classement dans le service auxiliaire lorsque la
gêne des mouvements est peu importante. On prononcera la
réforme temporaire si la gêne fonctionnelle paraît susceptible
de guérison.

33. Atrophies musculaires.

Les atrophies musculaires motivent l'exemption et la réforme, si elles ont entraîné la perte ou l'affaiblissement de
mouvements importants, si elles paraissent définitives et si
elles n'ont pas été provoquées. Les atrophies limitées d'ordre
chirurgical et récentes peuvent être une cause de classement
dans le service auxiliaire et de réforme temporaire.

34. Synovite tendineuse.

Les affections des gaines tendineuses, suivant leur siège,
leur gravité et leur nature, peuvent entraîner soit le classement dans le service auxiliaire, soit l'exemption.
La réforme temporaire est prononcée lorsque les lésions
des gaines tendineuses, gênant notablement les fonctions
d'un membre, paraissent susceptibles de guérison à longue
échéance. Si ces lésions sont de mauvaise nature, elles entraînent la réforme définitive.

35. Arthrite chronique, hydarthrose.

L'arthrite chronique et l'hydarthrose sont des causes d'exemption et de réforme lorsqu'elles déterminent une gêne prononcée des mouvements ou des positions vicieuses et qu'il est démontré qu'elles sont anciennes ou incurables.

Dans le cas contraire, elles justifient la réforme temporaire.

36. Tumeurs blanches.

Les tumeurs blanches mettent dans l'impossibilité absolue de servir.

37. Corps mobiles.

Les corps mobiles des articulations motivent le classement dans le service auxiliaire ou l'exemption. Il est quelquefois difficile d'en constater la présence ; dans les cas douteux, le médecin pourra demander de procéder ultérieurement à un nouvel examen.

Les corps mobiles des articulations entraînent la réforme lorsqu'ils compromettent le libre fonctionnement d'un membre et ne peuvent être enlevés.

38. Ankylose.

L'ankylose, suivant son siège, son degré et la gêne fonctionnelle qu'elle détermine, entraîne l'exemption ou le classement dans le service auxiliaire.

L'ankylose complète, si elle siège dans une articulation importante, entraîne la réforme. On prononcera la réforme temporaire si l'ankylose est incomplète et paraît susceptible de guérison.

39. Déformations, distensions, relâchements articulaires.

Les déformations, distensions et relâchements articulaires, consécutifs aux entorses, aux luxations ou à d'autres causes, sont des motifs de classement dans le service auxiliaire et ne confèrent l'exemption que si la gravité des troubles fonctionnels qu'ils déterminent est très prononcée.

Les mêmes lésions sont justiciables de la réforme temporaire, si elles s'accompagnent de troubles fonctionnels importants, mais susceptibles de guérison, et de la réforme définitive, si ces troubles paraissent permanents.

40. Abcès.

Les abcès froids et les abcès par congestion entraînent généralement l'exemption.

Les abcès par congestion motivent la réforme.

41. Périostite.

La périostite chronique suppurée, l'hyperostose volumineuse avec déformation, et les tumeurs du périoste peuvent entraîner l'exemption.

Les mêmes affections sont, suivant leur degré de gravité et de curabilité, des causes de réforme temporaire ou de réforme définitive.

42. Ostéite.

L'ostéite chronique, suppurée ou non, occasionnant une gêne fonctionnelle notable, est une cause d'exemption, à moins que, superficielle, elle paraisse devoir se terminer par une prompte guérison.

La réforme temporaire sera prononcée dans les cas d'ostéite chronique suppurée, ayant déterminé des troubles fonctionnels importants, mais susceptibles de guérison. Lorsque l'infirmité, résultant de l'ostéite chronique suppurée, paraît permanente, la réforme définitive s'impose.

43. Périostose, exostose.

Les périostoses et les exostoses, lorsqu'elles ne déterminent aucune gêne fonctionnelle, sont compatibles avec le service armé ; dans le cas contraire, elles peuvent motiver soit le classement dans le service auxiliaire, soit l'exemption.

La réforme sera prononcée, si ces affections ont déterminé une gêne fonctionnelle considérable et résisté à tous les traitements.

44. Tumeurs et déformations osseuses.

Les tumeurs malignes des os entraînent l'exemption et la réforme. Il en est de même pour les déformations prononcées des os, ou leur raccourcissement par suite du rachitisme ; à un degré moins accusé, ces déformations peuvent justifier le classement dans le service auxiliaire.

AFFECTIONS LOCALISÉES

Tête. — Crâne.

---

45. Teignes.

Le favus ou teigne faveuse, la tricophytie ou teigne tonsurante et la pelade n'entraînent pas en principe l'exemption ;

toutefois, si ces affections sont étendues, elles peuvent, suivant le cas, motiver le classement dans le service auxiliaire et même l'exemption.

Ces mêmes affections justifient la réforme temporaire et même définitive lorsqu'elles sont étendues ou à forme récidivante et très rebelles au traitement.

46. Alopécie et calvitie.

L'alopécie, suite de pyrexie grave ou d'affection générale, n'est pas une cause d'exemption.

La calvitie n'entraîne l'exemption et la réforme que si elle est presque totale : dans le cas contraire elle est compatible, suivant ses degrés, soit avec le service armé soit avec le service auxiliaire.

47. Tumeurs de la tête.

Toute tumeur maligne ou très volumineuse de la tête motive l'exemption et la réforme.

Les tumeurs bénignes, lorsqu'elles sont une cause de gêne douloureuse par le port de certaines coiffures, rendent impropres au service armé, mais elles sont compatibles avec le service auxiliaire.

48. Ossification imparfaite.

L'ossification imparfaite des os du crâne, reconnaissable à la persistance de la fontanelle fronto-pariétale, et quelquefois à l'écartement, à la mobilité, à la dépressibilité élastique des bords des os, est incompatible avec le service militaire. Il en est de même de l'hyperostose étendue.

49. Cicatrices, lésions étendues.

Les cicatrices kéloïdiennes et volumineuses, les cicatrices étendues, inégales, fragiles, qui sillonnent la surface du crâne, celles qui proviennent de grandes lésions ou de plaies profondes, de dépression, d'enfoncement, d'exfoliation, ou d'extraction des os, peuvent être des causes d'exemption et de réforme.

Centres nerveux.

50. Idiotie, crétinisme, myxœdème.

L'idiotie, le crétinisme et le myxœdème sont incompatibles avec le service militaire.

51. Aliénation mentale.

L'aliénation mentale confirmée entraîne l'exemption et la réforme.

52. Paralysie générale progressive.

La paralysie générale progressive est incompatible avec le service militaire.

53. Epilepsie.

L'épilepsie (mal comitial) constatée motive l'exemption et la réforme.

54. Chorée, tétanie, somnambulisme.

La chorée, ancienne et rebelle, entraîne l'exemption et la réforme. Quand cette affection paraît susceptible de s'amender par la suite, elle motive la réforme temporaire. Il en est de même pour la tétanie partielle et le somnambulisme.

55. Myélites chroniques.

Les diverses formes de myélite chronique (ataxie locomotrice, tabes spasmodique, sclérose en plaques et autres), entraînent l'impossibilité de servir.

56. Amyotrophies.

Les amyotrophies d'origine centrale motivent l'exemption et la réforme.

Organes de l'audition.

L'examen des organes de l'audition comprend :

1° L'examen du pavillon, du méat et du conduit auditif externe ;

2° La constatation de l'état de l'ouïe, qui se fait tout d'abord en adressant au sujet examiné quelques questions à voix basse, afin de ne pas méconnaître une surdité qui ne serait accompagnée d'aucune lésion extérieure, ou une surdité dissimulée.

Devant le conseil de revision, cet examen doit être complété par l'application des moyens d'exploration propres à révéler l'état des parties profondes de l'appareil auditif. Les instruments d'otoscopie peuvent être employés séance tenante ; ils permettent dans un grand nombre de cas de donner immédiatement une appréciation motivée. Quant aux autres procédés d'investigation (cathétérisme de la trompe d'Eustache, auscultation de la caisse du tympan), ils sont d'une exécution trop délicate et donnent des résultats trop incertains dans une seule application pour pouvoir être utilisés devant les conseils de revision.

57. Hypertrophie, atrophie, tumeurs et perte du pavillon.

La perte totale, l'hypertrophie considérable et difforme du pavillon de l'oreille, son envahissement par des tumeurs malignes ou volumineuses, par des ulcères chroniques de mauvaise nature sont des causes d'exemption.

L'atrophie du pavillon, son adhérence partielle aux parois du crâne, ses déformations ou malformations, si elles sont peu étendues, permettent le classement dans le service auxiliaire.

Les tumeurs malignes, les ulcères chroniques de mauvaise nature du pavillon de l'oreille, sa perte totale, si elle occasionne la disparition de l'ouïe, motivent la réforme.

58. Atrésie du conduit auditif.

L'atrésie congénitale ou accidentelle, l'oblitération et la déviation des conduits auditifs motivent l'exemption ou le classement dans le service auxiliaire, suivant que l'audition est abolie complètement ou seulement diminuée.

La réforme est prononcée lorsque l'atrésie et l'oblitération accidentelles des conduits auditifs externes entraînent la perte de l'ouïe.

59. Polypes.

Les polypes du conduit auditif sont toujours un motif d'exemption.

Ils sont une cause de réforme temporaire ou définitive suivant le degré de gravité et de curabilité de l'otite moyenne dont ils sont généralement le résultat.

60. Corps étrangers.

Les corps étrangers introduits dans le conduit auditif, soit fortuitement, soit dans un but de simulation, peuvent diminuer plus ou moins l'audition. Ils ne motivent l'exemption qu'autant que l'extraction en paraîtrait dangereuse, ou qu'ils auraient déterminé de graves désordres.

61. Affections aiguës et affections chroniques de l'oreille externe et de l'oreille moyenne.

Les affections aiguës de l'oreille peuvent, en raison de leur terminaison variable, motiver la remise de l'examen à la fin de la tournée du conseil de revision.

Les maladies chroniques et rebelles du conduit auditif externe avec propagation à la membrane du tympan, les affections chroniques de l'oreille moyenne avec ou sans écoulement purulent, avec ou sans perforation du tympan, sont des motifs d'exemption.

La perforation du tympan, sans complication d'otorrhée, est compatible avec le service auxiliaire.

Les affections chroniques du conduit auditif externe et de l'oreille moyenne peuvent motiver la réforme temporaire si elles paraissent susceptibles de s'amender par la suite.

La réforme définitive sera prononcée lorsque ces maladies seront particulièrement graves et rebelles à tout traitement.

62. Inflammation des cellules mastoïdiennes.

L'inflammation chronique suppurée des cellules mastoïdiennes nécessite l'exemption.

L'inflammation aiguë des mêmes cellules ainsi que le phlegmon mastoïdien superficiel, pouvant guérir rapidement, doivent faire prononcer le renvoi de la décision à une séance ultérieure.

La mastoïdite chronique, après échec d'un traitement approprié, pourra motiver la réforme.

63. Affections de l'oreille interne.

Les affections de l'oreille interne, qui déterminent une surdité prononcée, sont une cause d'exemption et de réforme.

64. Surdité.

La surdité dépend soit d'altérations de l'appareil nerveux central, soit de lésions de l'appareil acoustique. La première, dite « surdité nerveuse », est plus souvent complète et totale ; elle s'accompagne de la suppression ou de la diminution de la perception des vibrations sonores transmises par les os du crâne ou de la face.

Devant le conseil de revision, les moyens propres à constater l'état de la fonction auditive consistent :

1° A rechercher la portée du champ de l'audition pour le langage, en mesurant la distance à laquelle cesse d'être entendue la parole énoncée à voix basse ou chuchotée, à voix ordinaire ou à voix haute ;

2° A déterminer le degré d'acuité de l'ouïe pour les bruits faibles et réguliers, en mesurant la distance à laquelle le bruit du mouvement d'une montre à cylindre commence à être entendu.

En principe, l'affaiblissement de l'ouïe, limité à un degré qui permet encore d'entendre la voix ordinaire à une petite distance, est compatible avec le service auxiliaire.

La simulation de la surdité et plus encore l'exagération de la dureté de l'ouïe ne sont pas rares.

Aux renseignements fournis par l'état social, par la profession du sujet, et par une exploration méthodique, on joindra, pour déjouer la fraude, les moyens que suggèrent les données de la science et l'expérience personnelle.

Les sourds ou ceux qui se prétendent tels peuvent être classés en quatre catégories :

1° Ceux qui sont atteints d'une maladie ou d'une lésion incurable de l'oreille ne permettant aucun doute sur la réalité de leur surdité. Ils doivent être exemptés de tout service, si la dysécie est très prononcée ;

2° Ceux qui sont atteints d'une maladie ou d'une lésion curable de l'oreille et qui n'est pas manifestement de nature à occasionner une perte de l'audition telle que celle qu'ils accusent. Ils devront être déclarés propres au service armé ;

3° Ceux qui sont atteints d'une maladie ou d'une lésion de l'oreille susceptible d'entraver l'audition à un point qu'il est difficile et quelquefois impossible d'apprécier séance tenante. Ils doivent être renvoyés à un nouvel examen après la séance du conseil de revision ou à la fin de sa tournée et avant la clôture de ses opérations ;

4° Ceux chez lesquels l'examen n'a révélé aucune lésion, mais que des réponses contradictoires au cours de l'exploration rendent légitimement suspects. Ils doivent être déclarés aptes au service armé.

Pour ceux qui assurent n'entendre absolument rien, les certificats de notoriété et d'enquête pourront être pris en considération.

La surdité bilatérale, reconnue, motive l'exemption ; la surdité seulement unilatérale, mais absolue, entraîne le classement dans le service auxiliaire.

La réforme est prononcée dans les cas de surdité bilatérale reconnue.

65. Surdi-mutité.

La surdi-mutité de notoriété publique confère l'exemption.

Face.

66. Aspect général.

La laideur extrême, résultant soit de la conformation vicieuse, soit de l'atrophie d'une partie de la face, soit enfin d'un manque de symétrie du visage, peut motiver exceptionnellement l'exemption.

67. Difformités du front.

Les difformités du front, les exostoses du frontal, qui ne permettraient pas l'usage des coiffures militaires, peuvent motiver, selon leur degré, l'exemption ou le classement dans le service auxiliaire.

Les exostoses du frontal, volumineuses et rebelles à un traitement approprié, peuvent justifier la réforme.

68. Mutilations.

Les mutilations de la face, consécutives à des traumatismes ou à des opérations chirurgicales, peuvent, suivant leur étendue, la gêne qu'elles apportent aux fonctions et l'aspect qu'elles donnent à la physionomie, entraîner l'exemption et la réforme.

69. Tumeurs diverses.

Les tumeurs de mauvaise nature entraînent l'exemption et la réforme.

Les kystes, les tumeurs érectiles, les exostoses, suivant leur siège, leur volume et la gêne fonctionnelle qu'ils déterminent, motivent l'exemption ou le classement dans le service auxiliaire.

La réforme est justifiée lorsque ces tumeurs, par leur volume et leur siège, occasionnent une gêne fonctionnelle importante et ne sont pas susceptibles de guérir par des procédés thérapeutiques appropriés.

70. Ulcères.

Les ulcères de nature maligne entraînent l'exemption et la réforme.

71. Fistules.

Les fistules, suivant leur siège et leur nature, peuvent entraîner l'exemption ou le classement dans le service auxiliaire.

Dans certaines conditions de gravité et de gêne fonctionnelle, les fistules de la face, rebelles à tout traitement, peuvent justifier la réforme.

72. Névralgies.

La prosopalgie faciale ou tic douloureux de la face peut motiver l'exemption lorsqu'elle paraît incurable.

Cette affection peut être une cause de réforme, soit temporaire soit définitive.

73. Paralysies.

Les paralysies partielles et récentes de la face, d'origine périphérique, pouvant tenir à des causes essentiellement passagères, ne motivent pas l'exemption ; elles peuvent justifier la réforme temporaire.

Lorsqu'elles sont anciennes, définitives ou symptomatiques d'une affection cérébrale, elles entraînent l'exemption et la réforme.

74. Sinus de la face.

Les affections malignes des sinus frontaux et maxillaires, les déformations prononcées, l'oblitération, la perforation de ces cavités consécutives à des traumatismes, les polypes, les exostoses, les ostéites persistantes avec carie ou nécrose sont des causes d'exemption et de réforme.

Les suppurations chroniques des sinus frontaux, maxillaires, sphénoïdaux et des cellules ethmoïdales rendent également impropre au service.

Toutefois, l'inflammation chronique simple des sinus frontaux ou maxillaires, l'ostéite des maxillaires, liée à des altérations dentaires et susceptible de guérison, peuvent justifier la réforme temporaire.

75. Mutilations, lésions pathologiques.

Les fractures des os maxillaires non consolidées, les pertes de substance étendues des os maxillaires entraînent l'exemption et la réforme. La réforme temporaire pourra être prononcée dans certains cas de fractures, imparfaitement consolidées, de la mâchoire inférieure, susceptibles de guérison à longue échéance.

Les ostéites, les exostoses volumineuses, les caries, les nécroses, les kystes osseux justifient le plus souvent l'exemption et la réforme.

76. Affections de l'articulation temporo-maxillaire.

Les lésions graves de l'articulation temporo-maxillaire, arthrite chronique, luxation mal réduite ou récidivante, ankylose osseuse ou fibreuse entraînent l'exemption et la réforme. L'ankylose incomplète de cette articulation peut motiver la réforme temporaire.

La constriction transitoire des mâchoires est compatible avec le service armé ; lorsqu'elle est permanente, elle entraîne l'exemption, et, après échec d'un traitement approprié, la réforme définitive.

Organes de la vision.

77. Diminution de l'acuité visuelle.

1° L'aptitude au service armé exige une acuité visuelle

supérieure ou tout au moins égale à 1/2 pour un œil et à 1/20 pour l'autre œil, après correction, s'il y a lieu, par les verres sphériques ;

2° Seront versés dans le service auxiliaire les jeunes gens qui ont une acuité visuelle comprise entre 1/2 et 1/4 pour un œil et au moins égale à 1/20 pour l'autre œil, après correction, s'il y a lieu, par les verres sphériques.

L'acuité visuelle d'un œil inférieure ou égale à 1/20, celle de l'autre œil étant inférieure à 1/4, après correction par les verres sphériques, entraîne l'exemption et la réforme.

L'acuité se mesure au moyen de l'échelle typographique réglementaire placée à cinq mètres en avant de l'examiné et à sa hauteur.

78. Myopie.

a) Est compatible avec le service armé :

La myopie ne dépassant pas sept dioptries, à condition que l'acuité visuelle soit ramenée par les verres correcteurs aux limites spécifiées au premier paragraphe de l'article 77 ;

b) Est compatible avec le service auxiliaire :

La myopie supérieure à sept dioptries, à condition que l'acuité visuelle soit ramenée par les verres correcteurs aux limites fixées au deuxième paragraphe de l'article 77.

La myopie compliquée de lésions choroïdiennes étendues et progressives entraînant une acuité visuelle inférieure aux limites fixées à l'article 77 est incompatible avec tout service et entraîne la réforme.

79. Hypermétropie.

a) Est compatible avec le service armé :

L'hypermétropie qui, après correction par les verres convexes, ne détermine pas une acuité visuelle inférieure aux limites fixées par le premier paragraphe de l'article 77.

b) Est compatible avec le service auxiliaire :

L'hypermétropie qui, après correction par les verres convexes, ne détermine pas une acuité visuelle inférieure aux limites fixées par le deuxième paragraphe de l'article 77.

80. Astigmatisme.

L'astigmatisme est compatible avec le service armé, s'il ne détermine pas une acuité visuelle inférieure aux limites fixées par le paragraphe 1 de l'article 77.

81. Amblyopie et amaurose.

Dans un certain nombre de cas, la diminution ou la perte de la vision existe sans altérations appréciables des organes.

La décision de l'expert est alors basée sur les renseignements fournis par les autorités civiles et sur les résultats que lui apportent les procédés multiples destinés à déjouer les tentatives de simulation. Si sa conviction n'est pas établie, le médecin doit demander une enquête militaire, renvoyer le sujet à une séance ultérieure, enfin le déclarer bon pour le service.

La réforme ne sera prononcée qu'après une période d'observation méthodique et prolongée.

82. Affections des paupières.

Entraînent l'exemption et la réforme :

La destruction complète ou étendue ;
Les cicatrices vicieuses ;
L'ankyloblépharon et le symblépharon étendus ;
L'entropion et l'ectropion prononcés ;
Les tumeurs volumineuses ou de mauvaise nature ;
Le trichiasis congénital avec pannus de la cornée ;
Le ptosis congénital ;
Le blépharospasme invétéré.

La blépharite chronique rebelle peut être une cause de réforme temporaire.

83. Affections des voies lacrymales.

Motivent le classement dans le service auxiliaire :

Les tumeurs bénignes de la glande lacrymale ;
L'épiphora à un degré modéré ;
La dacryocystite chronique non suppurée.

L'épiphora très prononcé, la dacryocystite suppurée et la fistule lacrymale peuvent justifier l'exemption et au besoin la réforme.

84. Affections de la conjonctive.

Les conjonctivites chroniques rebelles et, en particulier, la conjonctivite granuleuse, le ptérygion atteignant le centre de la cornée, les tumeurs volumineuses ou malignes de la conjonctive et de la caroncule lacrymale entraînent l'exemption.

Le ptérygion atteignant le centre de la cornée et inopérable, les tumeurs volumineuses ou malignes de la conjonctive et de la caroncule lacrymale sont des motifs de réforme.

La réforme temporaire pourra être prononcée dans les cas

de conjonctivites chroniques et en particulier de conjonctivite granuleuse, si elles sont susceptibles de guérison.

85. Affections de la cornée.

Nécessitent l'exemption et la réforme :

Les kératites anciennes, spécialement les kératites vasculaires ou panniformes étendues ;

Les ulcérations profondes des cornées.

Les staphylomes, les taies ou opacités de la cornée sont compatibles avec le service armé ou avec le service auxiliaire, suivant le degré de diminution de l'acuité visuelle fixé par l'article 77. Si l'acuité est au-dessous des limites fixées, l'exemption est prononcée.

Lorsque les kératites, les ulcérations et opacifications de la cornée seront limitées, relativement récentes et paraîtront susceptibles de s'amender, on prononcera la réforme temporaire.

86. Affections de la sclérotique et de l'iris.

Entraînent l'exemption et la réforme :

Le staphylome antérieur de la sclérotique ;

La sclérite et l'épisclérite anciennes et étendues ;

Les vices de conformation de l'iris et les synéchies antérieures ou postérieures qui abaissent l'acuité visuelle au-dessous des limites fixées ;

Les tumeurs de l'iris de nature maligne ou envahissante.

L'iritis chronique, la mydriase persistante peuvent motiver la réforme temporaire.

87. Affections du cristallin.

Les déplacements, l'opacité du cristallin et de sa capsule, l'absence du cristallin, lorsqu'ils réduisent l'acuité visuelle au-dessous des limites fixées respectivement pour les services armé ou auxiliaire, entraînent l'exemption et la réforme.

88. Affections du corps vitré.

Les affections du corps vitré comportent les mêmes décisions.

89. Affections de la choroïde.

Le coloboma étendu,

L'absence de pigment (albinisme),

Les tumeurs de la choroïde à marche progressive,

Les choroïdites étendues ou progressives,

Le glaucôme,

entraînent l'exemption et la réforme.

90. Affections de la rétine et du nerf optique.

Les rétinites,
Le décollement de la rétine,
La neurorétinite et la névrite optique,
L'atrophie des nerfs optiques,
nécessitent l'exemption et la réforme.

91. Affections du globe oculaire.

Entraînent l'exemption et la réforme :
La perte ou la désorganisation d'un œil ou des deux yeux ;
Les tumeurs intra-oculaires ;
L'exophtalmie prononcée, avec abaissement de l'acuité visuelle.

92. Affections des muscles de l'œil.

Le nystagmus et le strabisme fonctionnel sont compatibles avec le service armé ou le service auxiliaire, suivant le degré de diminution de l'acuité visuelle fixée par l'article 77. Ils entraînent l'exemption, si l'abaissement de l'acuité visuelle dépasse les limites fixées.

La paralysie d'un ou de plusieurs des muscles de l'œil, n'étant parfois que passagère, nécessite le renvoi à la fin des opérations du conseil.

La paralysie persistante motive l'exemption et la réforme. On prononcera la réforme temporaire dans les cas de paralysie encore récente, mais ayant résisté au traitement.

93. Affections de l'orbite.

Les tumeurs progressives ou malignes de la cavité orbitaire, les ostéites chroniques, avec déformations prononcées, adhérences étendues et gênantes, nécessitent l'exemption et la réforme.

Nez.

94. Malformations, déformations.

Les malformations du nez, portées au point d'entraver manifestement la respiration et la phonation ou seulement l'une de ces fonctions, sont, suivant le degré de la gêne occasionnée, une cause d'exemption ou de classement dans le service auxiliaire.

Lorsque la respiration et la phonation sont notablement altérées du fait de déformations acquises du nez, la réforme pourra être prononcée.

95. Polypes, néoplasmes.

Les polypes des cavités nasales, suivant leur nature et les troubles qu'ils déterminent, peuvent entraîner l'exemption ou le classement dans le service auxiliaire.

Les néoplasies progressives ou malignes sont toujours une cause d'exemption et de réforme. Les polypes muqueux ne motivent la réforme temporaire que s'ils présentent une tendance marquée à la récidive.

96. Ozène.

La punaisie ou ozène entraîne l'exemption. Elle motive la réforme si elle est rebelle à tout traitement.

La rhinite chronique, susceptible de guérir à plus ou moins longue échéance, peut être une cause de réforme temporaire.

Bouche et Lèvres.

97. Bec-de-lièvre.

Le bec-de-lièvre, suivant la gêne fonctionnelle qu'il détermine, peut entraîner l'exemption ou le classement dans le service auxiliaire.

98. Cicatrices.

Les difformités résultant de traumatismes, de cicatrices vicieuses ou d'adhérences, peuvent, suivant la gêne fonctionnelle qu'elles déterminent, entraîner le classement dans le service auxiliaire, l'exemption ou la réforme.

99. Tumeurs.

Les tumeurs érectiles volumineuses et les tumeurs malignes entraînent l'exemption et la réforme.

100. Stomatites.

Les stomatites chroniques avec ulcération, gangrène, décollement, gonflement et état fongueux des gencives ne motivent l'exemption et la réforme que lorsqu'elles résultent ou s'accompagnent d'une altération profonde de l'organisme. On prononcera la réforme temporaire lorsque ces affections paraîtront susceptibles de s'amender par la suite.

101. — Altérations des dents.

L'exemption et la réforme ne peuvent être prononcées que si

la mastication est difficile et incomplète par suite de la perte
ou de l'altération d'un grand nombre de dents, et si ce mau-
vais état de la denture s'accompagne de ramollissement, d'ulcérations et d'état fongueux des gencives.

102. Dents surnuméraires.

Les dents surnuméraires ou déviées sont compatibles avec le
service armé.

103. Fistules dentaires.

Les fistules dentaires sont compatibles avec le service
armé.

Langue.

104. Malformations ou déformations de la langue.

Les malformations de la langue, la perte partielle, l'atrophie, la division congénitale ou accidentelle, l'hypertrophie
avec procidence de cet organe, ses adhérences anormales, lorsqu'elles gênent notablement la mastication, la phonation et
la déglutition sont des causes d'exemption.
La perte partielle, la division accidentelle de la langue, ses
adhérences anormales, s'accompagnant de troubles fonctionnels notables, peuvent motiver la réforme.
Les ulcérations, les engorgements partiels de cet organe,
entretenus par le frottement de dents cariées, ne sauraient
rendre impropre au service armé.

105. Tumeurs.

Les tumeurs cancéreuses et les ulcères de mauvaise nature
de la langue sont des motifs d'exemption et de réforme.

106. Bégaiement.

Le bégaiement est compatible avec le service militaire.
Il n'entraîne l'exemption et la réforme que s'il est très prononcé et si son existence est dûment établie par la notoriété
publique ou par une observation prolongée.

107. Mutisme.

Le mutisme congénital est incompatible avec le service
militaire, si sa réalité est établie par la notoriété publique.

Glandes salivaires.

108. Grenouillette.

La grenouillette ne rend impropre au service armé que lorsqu'elle est volumineuse, et, dans ce cas, elle est compatible avec le service auxiliaire.

La réforme ne sera prononcée que si la grenouillette, rebelle à tout traitement, a pris, un développement considérable.

109. Tumeurs des glandes salivaires.

Les tumeurs bénignes et peu volumineuses des glandes salivaires sont compatibles avec le service armé.

Les tumeurs malignes de ces glandes motivent l'exemption.

On ne prononcera la réforme que dans les cas de tumeurs entraînant des troubles fonctionnels notables et rebelles à tout traitement et dans les cas de tumeurs malignes.

110. Fistules salivaires.

Les fistules salivaires qui ont leur siège à la face entraînent en principe le classement dans le service auxiliaire et ne motivent qu'exceptionnellement l'exemption et la réforme.

111. Hypertrophie des amygdales.

L'hypertrophie simple des amygdales est compatible avec le service armé.

Palais.

112. — Déformations ou malformations.

Les divisions et les pertes de substance étendues de la voûte palatine et du voile du palais motivent, seules, l'exemption et la réforme.

113. Adhérences pharyngiennes.

Les adhérences pharyngiennes étendues du voile du palais donnent lieu à la même décision.

114. Paralysie du voile du palais.

La paralysie du voile du palais, consécutive à une maladie infectieuse, étant généralement curable, n'est pas un obstacle au service militaire : elle peut justifier la réforme temporaire.

115. Tumeurs.

Les tumeurs bénignes de la voûte palatine et du voile du palais sont compatibles avec le service armé. Lorsqu'elles sont volumineuses, causent une gêne fonctionnelle importante ou sont de mauvaise nature, l'exemption et la réforme s'imposent.

116. Hypertrophie de la luette.

L'hypertrophie simple de la luette n'est pas une cause d'exemption.

L'exemption et la réforme ne sont motivées que par les tumeurs et par les ulcérations de mauvaise nature de cet appendice.

Cou.

117. Vices de conformation.

Les vices de conformation et les difformités du cou, lorsqu'ils gênent notablement ses mouvements et les fonctions des organes importants qu'il renferme, sont incompatibles avec le service militaire.

118. Lésions traumatiques.

Les lésions traumatiques de cette région, suivant leur ancienneté, leur gravité et les infirmités qui en sont la conséquence, peuvent motiver le renvoi à une séance ultérieure, le classement dans le service auxiliaire ou l'exemption, la réforme temporaire ou la réforme définitive.

119. Ulcérations, cicatrices.

Les ulcérations étendues et les cicatrices difformes motivent, seules, l'exemption ou la réforme.

120. Adénites.

Les adénites cervicales relèvent de causes diverses parmi lesquelles la tuberculose est fréquente. Si elles paraissent d'origine banale, elles sont compatibles avec le service militaire. Au contraire, suivant que leur nature tuberculeuse est plus ou moins probable, elles peuvent entraîner soit l'exemption et la réforme définitive, soit la réforme temporaire.

Il est rappelé aux médecins experts :

A) Que les adénites des régions sous-maxillaire, angulaire, parotidienne, auriculaire sont souvent liées à des affections de voisinage facilement curables (carie dentaire, otites, etc.).

B) Que les adénites claviculaires et carotidiennes se relient le plus souvent à des affections chroniques tuberculeuses de la plèvre ou du poumon.

On recherchera donc d'autres signes de celles-ci, et à défaut on se prononcera d'après l'état général du sujet et les symptômes accessoires.

121. Goitre, kystes du corps thyroïde.

Les tumeurs désignées sous le nom générique de goitre, l'hypertrophie, les kystes de la glande thyroïde, le développement même peu considérable du lobe médian, quand il atteint la fourchette sternale et se prolonge au-dessous d'elle, déterminent l'inaptitude au service militaire. Cependant, dans les pays où le goitre est endémique, cette affection, lorsqu'elle est peu développée, est susceptible de guérison par le fait seul du changement de climat et d'habitudes qu'amène la vie militaire et ne saurait entraîner l'exemption.

La réforme temporaire pourra être justifiée si le goitre est peu développé et ne renferme pas de kyste, s'il s'est produit dans une garnison où il est endémique et s'il est susceptible de guérison par le changement de milieu.

122. Goitre exophtalmique.

Le goitre exophtalmique rend impropre à tout service militaire.

123. Kystes, lipomes.

Les kystes, les lipomes, ne peuvent motiver l'exemption et la réforme que s'ils apportent dans les fonctions une gêne considérable.

124. Torticolis.

Le torticolis provenant de rétraction des muscles du cou, de paralysies musculaires, de cicatrices vicieuses, de lésions de la colonne vertébrale, rend, seul, inapte au service militaire.

Larynx.

L'examen du larynx nécessite le plus souvent l'emploi du laryngoscope. Cette exploration, en raison du temps qu'elle exige, sera remise à la fin de la séance ou des opérations du conseil de revision.

125. Plaies, fractures.

Les lésions traumatiques, les plaies ou fractures récentes du larynx nécessitent le renvoi à la fin des opérations du conseil. Suivant les troubles de la voix ou de la respiration qu'elles ont entraînés, elles peuvent motiver l'exemption ou le classement dans le service auxiliaire.

La réforme est prononcée lorsque ces lésions traumatiques ont pour résultat une gêne notable de la phonation ou de la respiration.

126. Laryngites.

Les laryngites chroniques peuvent, suivant leur nature et leur intensité, entraîner le classement dans le service auxiliaire ou l'exemption, la réforme temporaire ou la réforme définitive.

La tuberculose laryngée est incompatible avec le service militaire.

La laryngite syphilitique justifie la réforme temporaire si les altérations du larynx sont assez graves pour exiger un traitement prolongé. Cette affection ne nécessite la réforme définitive que si les altérations du larynx sont graves, rebelles au traitement et occasionnent des troubles fonctionnels importants.

127. Déformation, destruction de l'épiglotte.

La déformation, la destruction de l'épiglotte par suite d'inflammation chronique, d'ulcérations ou de lésions traumatiques motivent l'exemption et la réforme s'il en résulte une gêne notable dans la déglutition et dans la phonation.

128. Rétrécissement, déformation du larynx.

Le rétrécissement ou toute déformation du larynx, lorsqu'il en résulte une entrave aux fonctions de cet organe, sont des causes d'exemption et de réforme.

129. Polypes et tumeurs.

Les polypes et les tumeurs du larynx, lorsqu'ils altèrent notablement la voix ou donnent lieu à des troubles de la respiration, sont incompatibles avec le service militaire.

130. Nécrose.

La nécrose du larynx exige l'exemption et la réforme.

131. Aphonie.

L'aphonie, lorsqu'elle est la conséquence de lésions traumatiques ou pathologiques du larynx, ou de la paralysie persistante des nerfs laryngés, est une cause d'exemption et de réforme. Lorsque l'aphonie tient à une laryngite chronique ou à une paralysie des nerfs laryngés, dont on peut espérer la guérison à longue échéance, on pourra prononcer la réforme temporaire.

Pharynx.

132. Vices de conformation, rétrécissements du pharynx.

Les vices de conformation du pharynx, les rétrécissements résultant d'adhérences vicieuses ou de rétractions cicatricielles occasionnant des troubles fonctionnels graves, sont des motifs d'exemption et de réforme.

133. Lésions traumatiques.

Les lésions traumatiques, la présence de corps étrangers, ne déterminent l'incapacité de servir que si elles doivent être suivies d'une infirmité capable d'entraver la déglutition. La décision du conseil peut être renvoyée, s'il y a lieu, à la fin de ses opérations.

On ne prononcera la réforme que si des troubles fonctionnels notables étaient la conséquence de ces lésions traumatiques ou de la présence de corps étrangers.

134. Pharyngites, rhinopharyngites.

Les pharyngites et rhino-pharyngites chroniques, les végétations adénoïdes ne prennent rang parmi les causes d'exemption et de réforme que lorsqu'elles constituent des infirmités graves par les troubles fonctionnels qu'elles entraînent.

Les abcès rétro-pharyngiens exigent l'exemption et la réforme lorsqu'ils sont symptomatiques de lésions du rachis; les abcès idiopathiques peuvent motiver le renvoi de la décision à une séance ultérieure du conseil de revision.

135. Polypes naso-pharyngiens et tumeurs malignes.

Les polypes naso-pharyngiens, ainsi que les tumeurs malignes du pharynx, sont toujours une cause d'exemption et de réforme.

136. Paralysie du pharynx.

La paralysie du pharynx, consécutive à une maladie infectieuse récente, ne motive pas l'exemption.

Elle peut justifier la réforme temporaire.

Elle entraîne l'exemption et la réforme lorsqu'elle est définitive.

137. Ulcères.

Les ulcères de mauvaise nature, les ulcères syphilitiques, s'ils s'accompagnent de destruction des parties profondes ou s'il en doit résulter une gêne notable des fonctions, sont des causes d'exemption et de réforme.

Œsophage.

138. Rétrécissements de l'œsophage.

Quelle qu'en soit la nature, les rétrécissements de l'œsophage motivent l'exemption et la réforme.

139. Dilatation.

La dilatation prononcée de l'œsophage, les diverticules congénitaux, nécessitent l'exemption et la réforme.

140. Corps étrangers.

Les corps étrangers arrêtés dans l'œsophage nécessitent le renvoi de la décision à une séance ultérieure du conseil de revision.

141. Néoplasmes.

Les néoplasmes de l'œsophage entraînent l'exemption et la réforme.

142. Œsophagisme.

L'œsophagisme, ou spasme essentiel de l'œsophage, ne doit motiver ni l'exemption ni la réforme.

Thorax.

143. Difformités.

Les malformations congénitales et les déformations acquises qui ont pour résultat de diminuer notablement la capacité thoracique et d'amoindrir la fonction respiratoire ou de produire des difformités visibles, l'homme étant habillé, peuvent entraîner, suivant leur gravité, le classement dans le service auxiliaire ou l'exemption et la réforme.

Le rétrécissement prononcé du thorax avec symphise pleurale, suite de pleurésie, motivera toujours l'exemption et la réforme.

Les déformations de l'omoplate, les arrêts de développement, les courbures difformes ou irrégulières de la clavicule, qui gênent le port du sac ou entravent les mouvements ; les pseudarthroses, les luxations complètes ou irréductibles de l'une ou de l'autre extrémité de cet os, motivent le classement dans le service auxiliaire, l'exemption ou la réforme suivant le degré des troubles fonctionnels qu'elles entraînent.

144. Lésions traumatiques.

Les contusions et les plaies du thorax ne peuvent entraîner l'inaptitude au service militaire qu'en raison des troubles fonctionnels persistants qu'elles ont déterminés.

145. Lésions pathologiques.

L'ostéo-périostite suppurée, la carie, la nécrose des côtes, du sternum, de la clavicule, de l'omoplate peuvent, suivant les cas, entraîner l'exemption et la réforme temporaire ou définitive.

Les tumeurs malignes de ces os entraînent toujours l'exemption et la réforme définitive.

146. Maladies de la glande mammaire.

Les inflammations de la glande mammaire, ainsi que son hypertrophie, ne peuvent que très exceptionnellement motiver l'exemption et la réforme, même temporaire.

Poumon.

147. Lésions traumatiques du poumon.

Les contusions et déchirures, les plaies du poumon peuvent guérir sans laisser d'infirmités ; le médecin devra attendre la fin des opérations du conseil de revision pour se prononcer.

Ces lésions ne motivent l'exemption et la réforme que dans les cas où des infirmités graves en sont la conséquence.

148. Hernie du poumon.

La hernie du poumon, qu'elle soit congénitale ou traumatique, motive l'exemption ; elle motive la réforme si elle entraîne une gêne notable des fonctions respiratoires.

149. Tuberculose pulmonaire.

La tuberculose pulmonaire, quel qu'en soit le degré, nécessite l'exemption et la réforme immédiate.

150. Bronchite et pneumonie chroniques.

La bronchite et la pneumonie chroniques avec dépérissement de la constitution, motivent l'exemption.

La pneumonie chronique peut être une cause de réforme définitive. La bronchite avec amaigrissement et avec immi-

nence de tuberculisation pulmonaire, la bronchite chronique
sans indice de tuberculose, justifient la réforme temporaire.

151. Emphysème pulmonaire.

L'emphysème pulmonaire, lorsqu'il est prononcé, accompagné de dyspnée et de bronchite persistante, entraîne
l'exemption et la réforme.

152. Asthme.

L'asthme, essentiel ou symptomatique, motive l'exemption
et la réforme.

153. Pleurésie.

La pleurésie aiguë nécessite le renvoi de la décision à la fin
des opérations du conseil. La pleurésie chronique avec épanchement entraîne l'exemption ; il peut en être de même pour
les épaississements étendus de la plèvre avec ou sans symphyse.

Suivant sa nature, sa gravité et ses conséquences, la pleurésie peut entraîner la réforme temporaire ou la réforme définitive.

Cœur et aorte.

154. Cyanose.

La cyanose, résultant d'une malformation du cœur ou des
gros vaisseaux, motive l'exemption et la réforme.

155. Transposition du cœur.

La transposition du cœur, sans troubles fonctionnels, n'est
pas un motif d'exemption.

156. Péricardite et endocardite.

La péricardite et l'endocardite aiguës nécessitent le renvoi
de la décision à la fin des opérations du conseil.

Lorsque ces affections ont pour conséquence des lésions
persistantes, elles entraînent l'exemption et la réforme. On
prononcera la réforme temporaire si ces lésions sont récentes
et semblent susceptibles de résolution.

La péricardite et l'endocardite chroniques motivent
l'exemption et la réforme.

157. Hypertrophie du cœur.

L'hypertrophie se traduisant par l'augmentation notable de
la matité cardiaque motive l'exemption et la réforme.

L'abaissement et la déviation de la pointe, la voussure de la région précordiale, les palpitations ne suffisent pas à caractériser l'état d'hypertrophie.

Les troubles fonctionnels du cœur, susceptibles de guérison, peuvent motiver la réforme temporaire.

158. Affections organiques du cœur.

Les affections organiques du cœur, les lésions des orifices, la myocardite, la symphise cardiaque, motivent l'exemption et la réforme.

Les souffles extra-cardiaques sont fréquents et peuvent en imposer pour une lésion organique.

Les cas douteux doivent donner lieu à un examen complémentaire et faire remettre la décision à la fin des séances du conseil de revision.

Ces souffles extra-cardiaques ne motivent ni l'exemption ni la réforme.

159 Anévrisme de l'aorte.

L'anévrisme de l'aorte est incompatible avec le service militaire.

Abdomen.

160. Affections des parois abdominales.

Les contusions, les plaies, les ruptures musculaires, les inflammations, ne nécessitent l'exemption et la réforme que si elles ont pour effet de diminuer notablement la résistance des parois de l'abdomen ou de déterminer des éventrations.

Les fistules, entretenues par une lésion osseuse ou viscérale, constituent des cas d'exemption et de réforme.

161. Hernies.

La hernie inguinale unilatérale ou bilatérale simple (pointe de hernie, bubonocèle facile à réduire et à maintenir réduit) est compatible avec le service armé.

La hernie ombilicale entraîne le classement dans le service auxiliaire.

Les hernies entraînent l'exemption et la réforme dans les cas suivants :

1° Eventration ;

2° Hernie crurale, épigastrique, lombaire ;

3° Hernie inguinale volumineuse, difficile à réduire ou à maintenir réduite ;

4° Hernie avec ectopie testiculaire pariétale ou orificielle.

162. Affections du péritoine.

La péritonite aiguë nécessite le renvoi de l'examen et de la décision à la fin des opérations du conseil de revision.

La péritonite chronique entraîne l'exemption et la réforme.

163. Ascite.

L'ascite, quelle qu'en soit la cause, motive l'exemption et la réforme.

164. Tumeurs de l'abdomen.

Les tumeurs malignes des viscères abdominaux et du péritoine entraînent l'exemption et la réforme.

165. Maladies de l'estomac et des intestins.

Les affections chroniques de l'estomac ou de l'intestin, lorsque leur existence est bien démontrée et se traduit par un dépérissement marqué, les lésions organiques de l'un ou l'autre de ces viscères (inflammation chronique, ulcères, rétrécissement, cancer) motivent l'exemption.

Suivant leur nature, leur degré et leurs conséquences, les maladies chroniques de l'estomac et de l'intestin, y compris la dysenterie, peuvent motiver la réforme temporaire ou la réforme définitive.

166. Appendicite.

L'appendicite aiguë nécessite le renvoi de la décision à la fin des opérations du conseil.

L'appendicite chronique, lorsque l'existence en est dûment démontrée par des signes objectifs, est une cause d'exemption et de réforme définitive.

167. Affections du foie.

L'hépatite suppurée, l'hépatite chronique, les cirrhoses, les kystes hydatiques entraînent l'exemption et la réforme.

168. Affections de la rate.

La spléno-mégalie d'origine palustre, lorsqu'elle est très accusée et s'accompagne des signes de la cachexie, motive l'exemption et la réforme.

Rachis.

169. Spina-bifida.

Le spina-bifida entraîne l'impossibilité de servir.

170. Déviations du rachis.

Les déviations persistantes du rachis impliquent l'inaptitude au service, si elles sont assez prononcées pour constituer une difformité notable. Peu prononcées, elles sont, suivant leur degré, compatibles avec le service auxiliaire ou même le service armé, excepté lorsqu'elles sont consécutives à des lésions tuberculeuses.

171. Fractures, luxations.

Les fractures et les luxations des vertèbres, l'arthrite et l'ankylose des articulations vertébrales motivent l'exemption et la réforme.

172. Ostéite vertébrale (mal de Pott).

L'ostéite tuberculeuse des vertèbres entraîne toujours l'exemption et la réforme.

Bassin.

173. Vices de conformation, déformations.

Les vices de conformation et les déformations notables du bassin motivent l'exemption et la réforme.

174. Arthrites.

Les arthrites chroniques du bassin peuvent entraîner l'exemption et la réforme.

175. Psoïtis.

Le psoïtis est une cause d'exemption et de réforme lorsque des troubles fonctionnels importants en ont été la conséquence.

176. Lésions de la fosse iliaque, de l'anus et du périnée.

Les phlegmons et les abcès de la fosse iliaque, de l'anus et du périnée ; les plaies, les déchirures de l'anus ; les plaies et les contusions du périnée ne peuvent être des motifs d'exemption et de réforme que par les troubles fonctionnels persistants qui en auront été les conséquences.

177. Fistules urinaires.

Les fistules urinaires entraînent l'exemption, mais ne motivent la réforme qu'après l'échec d'un traitement rationnel.

178. Fissures de l'anus.

La fissure de l'anus, même compliquée de contracture du sphincter, n'est une cause ni d'exemption ni de réforme.

179. Fistules à l'anus.

Les fistules anales, sauf la variété sous-cutanéo-muqueuse, entraînent l'exemption, mais ne motivent la réforme qu'**après** l'échec d'un traitement rationnel.

180. Affections du rectum.

Les affections malignes du rectum sont des causes d'**exemption** et de réforme.

181. Rétrécissement du rectum.

Le rétrécissement du rectum, quels qu'en soient la cause **et** le siège, entraîne toujours l'exemption et généralement la ré- forme.

182. Hémorroïdes.

Les hémorroïdes très volumineuses ou compliquées d'ul- cération et de fongosités de la muqueuse, motivent, seules, l'exemption.

La réforme peut être prononcée après échec d'un traitement rationnel.

183. Chute du rectum.

La chute du rectum est une cause d'exemption. Elle peut motiver la réforme si elle est prononcée et rebelle à tout trai- tement.

Reins.

184. Lésions traumatiques des reins.

Les lésions traumatiques des reins ne nécessitent l'exemp- tion et la réforme qu'en raison des troubles fonctionnels per- sistants qu'elles ont entraînés.

185. Néphrites.

La néphrite chronique, dûment établie par ses symptômes locaux et généraux, est un motif d'exemption et de réforme.

L'albuminurie, qui survient au cours des maladies infec- tieuses, est souvent transitoire et curable ; dans ce cas, la déci- sion devra être retardée jusqu'à la fin des opérations.

La néphrite, lorsqu'elle ne semble pas constituée à l'état définitif, peut entraîner la réforme temporaire.

186. Calculs, abcès, kystes.

Les calculs des reins et des uretères sont une cause d'exemption et de réforme si les accidents qu'ils provoquent sont fréquents et assez intenses pour empêcher la vie active.

L'hydronéphrose, les kystes, les abcès et les dégénérescences des reins déterminent l'incapacité de servir.

187. Rein flottant.

Le rein flottant entraîne l'exemption et la réforme lorsqu'il donne lieu à des troubles fonctionnels importants.

Vessie.

188. Vices de conformation.

Les vices de conformation de la vessie, l'exstrophie de cet organe, les fistules urinaires ombilicales entraînent l'impossibilité de servir.

189. Lésions traumatiques.

Les contusions, les plaies, les ruptures de la vessie nécessitent le renvoi de la décision à la séance de clôture des opérations du conseil.

Si la guérison s'est produite, ou semble devoir se produire sans laisser de troubles fonctionnels, l'admission sera prononcée.

Ces lésions traumatiques de la vessie ne peuvent entraîner l'exemption et la réforme que si elles ont déterminé des infirmités permanentes.

190. Cystites.

La cystite aiguë, suivant son intensité, son origine, sa nature peut motiver l'exemption ; on attendra, si cela est nécessaire, pour prendre une décision, la fin des opérations du conseil de revision.

L'inflammation chronique de la vessie peut également être une cause d'exemption. Quand elle se montre rebelle à des traitements rationnels, elle peut justifier la réforme.

191. Corps étrangers, calculs vésicaux.

Les calculs de la vessie, quelles qu'en soient l'origine et la nature, les corps étrangers, motivent l'exemption.

Ils peuvent justifier la réforme après l'emploi infructueux des divers moyens thérapeutiques.

192. Néoplasmes.

Les néoplasmes de la vessie sont incompatibles avec le service militaire.

193. Incontinence d'urine.

L'incontinence nocturne d'urine alléguée n'empêche pas l'admission dans l'armée. Si, après une observation prolongée et un traitement rationnel, cette affection se montre rebelle, elle motive la réforme.

L'incontinence permanente due à une lésion organique de l'appareil urinaire ou des centres nerveux, ou à une opération antérieure, est un motif d'exemption et de réforme.

194. Rétention d'urine.

La rétention d'urine, symptomatique d'affections qui font obstacle permanent au cours de l'urine, motive l'exemption et la réforme.

Urèthre.

195. Vices de conformation.

L'épispadias pénien et péno-pubien, l'hypospadias périnéal rendent impropre au service.

L'hypospadias ne motive pas l'exemption lorsque l'ouverture du canal est située immédiatement en arrière de la base du gland, que l'urine peut être projetée à distance et que le méat est assez large pour que la miction s'accomplisse sans difficulté. Il en est de même pour l'hypospadias balanique.

196. Fistules uréthrales.

Les fistules uréthrales motivent l'exemption et peuvent être une cause de réforme si les divers moyens de traitement ont été insuffisants.

197. Corps étrangers.

Les calculs et les corps étrangers engagés dans l'urèthre ne justifient l'exemption ou la réforme qu'en raison des accidents graves et persistants qu'ils ont déterminés.

198. Rétrécissements.

Les rétrécissements de l'urèthre prononcés et constatés entraînent, seuls, l'exemption.

Ils peuvent être une cause de réforme après échec d'un traitement rationnel et prolongé.

199. Maladies de la prostate.

La prostatite chronique, suppurée ou non suppurée, les

calculs prostatiques et les dégénérescences de la prostate motivent l'exemption et la réforme.

Organes génitaux.

200. Vices de conformation. — Affections du pénis.

L'hermaphrodisme, l'absence ou la perte totale du pénis nécessitent l'exemption.

Dans le cas de perte totale de l'organe, la réforme s'impose.

L'atrophie du pénis, si prononcée qu'elle soit, ne saurait rendre impropre au service militaire.

Le phimosis et le paraphimosis ne peuvent motiver ni l'exemption, ni la réforme. Il en est de même des ulcérations et des végétations, à l'exception, cependant, des tumeurs et ulcères de nature maligne.

201. Affections des bourses.

Les affections cutanées chroniques étendues et rebelles des bourses peuvent, seules, motiver l'exemption. Les plaies, les déchirures du scrotum, les contusions, les infiltrations de sang ne sont qu'exceptionnellement des causes d'exemption.

Les phlegmons, les abcès, ne comportent l'exemption que s'ils sont suivis de troubles fonctionnels prononcés.

L'œdème et l'emphysème du scrotum ne donnent jamais lieu à l'exemption, à moins d'être liés à des états morbides définis.

L'éléphantiasis du scrotum est incompatible avec le service militaire.

Les affections cutanées chroniques, étendues et rebelles, des bourses peuvent motiver la réforme temporaire. Les plaies, les déchirures du scrotum, les contusions, la gangrène des bourses ne justifient la réforme qu'autant que des infirmités graves et persistantes en ont été la conséquence.

202. Varicocèle.

Le varicocèle n'entraîne l'exemption que si, par son volume excessif, il détermine une gêne manifeste et prononcée dans la marche, et ces cas sont exceptionnels.

Dans ces conditions de gravité, il ne peut motiver la réforme qu'après l'échec d'un traitement approprié.

203. Hydrocèle. Hématocèle.

L'hydrocèle simple du cordon ou de la tunique vaginale ne motive ni l'exemption ni la réforme.

L'hydrocèle compliquée d'une lésion organique importante

du testicule ou de l'épididyme et l'hématocèle chronique de la tunique vaginale entraînent l'exemption et la réforme.

204. Perte, absence et atrophie des testicules.

La perte des deux testicules, par suite d'opération ou d'accident, l'absence ou l'atrophie prononcée de ces deux organes entraînent l'exemption et la réforme.

La perte ou l'atrophie d'un testicule, l'autre restant sain, est compatible avec le service armé.

205. Ectopie testiculaire.

L'exemption est réservée aux cas où le testicule est retenu à l'anneau ou dans le canal, ou tout contre l'orifice inguinal, en raison des douleurs qu'il provoque, de la prédisposition aux hernies qu'il entraîne et de l'obstacle qu'il présente à l'application d'un bandage.

La réforme pourra être prononcée dans les mêmes conditions.

206. Tumeurs du testicule.

L'orchite tuberculeuse motive l'exemption.

Les orchites chroniques peuvent, suivant leur degré et leur nature, justifier la réforme temporaire ou la réforme définitive.

L'enchondrome, l'encéphaloïde et les autres dégénérescences du testicule sont toujours des causes d'exemption et de réforme.

207. Spermatorrhée.

La spermatorrhée ne peut être considérée comme une cause d'exemption ni de réforme.

Membres.

208. Anomalie des membres.

Toute anomalie dans le nombre, dans la forme, dans les rapports des membres, si elle entraîne une difformité apparente et notable ou une gêne prononcée des fonctions, est incompatible avec le service militaire.

209. Déviations.

La déviation de l'axe de l'avant-bras en dehors, s'il en résulte l'impossibilité d'exécuter avec régularité et précision certains temps du maniement des armes, entraîne le classement dans le service auxiliaire.

Les jambes déviées, genu valgum, varum, recurvatum, peuvent apporter dans la station verticale et dans la marche une gêne plus ou moins prononcée ; elles sont une cause de fatigue rapide. Ces difformités, suivant leur degré, entraînent l'incapacité de servir ou la désignation pour le service auxiliaire.

210. Atrophie des membres.

Une atrophie congénitale notable constitue un motif d'inaptitude au service militaire.

L'atrophie acquise n'est pas un motif d'incapacité de servir s'il y a probabilité d'un retour prochain à l'état normal ; elle peut légitimer la réforme temporaire.

211. Lésions traumatiques.

L'amputation et la résection, les courbures défectueuses et très prononcées des os longs, les inégalités, les déviations, le raccourcissement, les pseudarthroses, la luxation ancienne incomplètement réduite ou non réduite, le relâchement des capsules et des ligaments articulaires avec mobilité anormale et déplacement fréquent, volontaire ou involontaire, l'ankylose vraie, la fausse ankylose, sont, suivant le degré des altérations fonctionnelles qu'ils entraînent, des causes de classement dans le service auxiliaire, ou d'exemption et de réforme. Les luxations réduites et les fractures consolidées, mais avec troubles trophiques et impotence fonctionnelle susceptibles de guérison, les cals volumineux dans les fractures régulièrement consolidées, peuvent motiver la réforme temporaire.

212. Lésions pathologiques.

Les déformations rachitiques prononcées, les engorgements chroniques des membres, les tumeurs blanches et les hydarthroses anciennes, les fistules osseuses et articulaires, les corps mobiles constatés des articulations motivent l'exemption et peuvent être une cause de réforme, après échec d'un traitement rationnel.

213. Varices.

Les varices ne motivent l'exemption et la réforme que si elles se présentent avec des flexuosités et des nœuds très apparents, ou si les dilatations veineuses atteignent à la fois les réseaux superficiels et profonds, ou encore lorsqu'elles occupent les deux membres ou un seul membre avec un varicocèle prononcé. Dans tous les autres cas elles sont compatibles, suivant leur degré, avec le service armé ou avec le service auxiliaire.

Les varices, compliquées d'altérations trophiques considérables de la peau ou d'ulcères rebelles, entraînent l'exemption et la réforme.

214. Hygroma.

L'hygroma, quel que soit son siège, n'est pas une cause d'exemption ni de réforme.

215. Névralgies, rhumatisme, goutte.

Les névralgies en général, et en particulier la sciatique, lorsqu'elles ont déterminé une atrophie musculaire notable ou des attitudes vicieuses, peuvent être une cause d'exemption ou de réforme.

Le rhumatisme noueux, la goutte, suivis de déformations articulaires multiples, sont des motifs d'incapacité de servir.

216. Lésions et mutilations des doigts.

Les lésions et mutilations suivantes entraînent l'exemption et la réforme :

1° Perte ou luxation du pouce ;

2° Perte totale de l'index si les autres doigts n'ont plus leur fonctionnement normal ; dans le cas contraire, la perte totale de l'index est compatible avec le service armé.

La perte partielle de l'index avec intégrité des mouvements des articulations conservées est également compatible avec le service armé.

Les lésions et mutilations suivantes motivent le classement dans le service auxiliaire :

1° Perte d'une phalange du pouce ;

2° Perte d'une ou de deux phalanges de l'index avec ankylose des articulations conservées ;

3° Perte de deux des trois derniers doigts ou de deux phalanges de ces doigts de la même main ;

4° Perte simultanée de trois phalanges intéressant l'index et le médius de la même main ;

5° Perte simultanée d'une phalange de l'index, du médius et de l'annulaire de la main droite seulement.

217. Incurvation, flexion et extension permanente des doigts.

La raideur, l'incurvation, la flexion ou l'extension permanente d'un ou de plusieurs doigts, qu'elles soient congénitales ou acquises, déterminent l'incapacité de servir, excepté dans les cas où elles sont très limitées et n'entravent pas les fonctions de la main, ou lorsque la flexion, quoique assez marquée, porte seulement sur l'auriculaire. La raideur d'un ou de plusieurs doigts, consécutive aux affections chroniques des téguments, des tendons ou des articulations, mais susceptible de s'amender par la suite, peut être une cause de réforme temporaire.

Les doigts surnuméraires, suivant la gêne qu'ils entraînent, sont compatibles avec le service armé ou avec le service auxiliaire.

218. Doigts palmés.

Les doigts palmés ne sont une cause d'exemption du service armé que s'ils gênent notablement l'exercice des fonctions de la main.

Dans ce cas, ils sont compatibles avec le service auxiliaire.

219. Difformités professionnelles des membres.

Les difformités professionnelles des membres ne sont une cause d'exemption et de réforme que lorsqu'elles entraînent une gêne considérable dans les fonctions.

220. Pied bot.

Le pied bot, quels qu'en soient la variété et le degré, entraîne en principe l'inaptitude au service militaire. Cependant, si la marche est peu gênée et la déformation légère, le classement dans le service auxiliaire peut être prononcé.

221. Pied plat.

Le pied plat prononcé, avec saillie exagérée de l'astragale et du scaphoïde au-dessous de la malléole interne et projection accusée du pied en dehors (valgus), peut seul justifier, suivant le degré, le classement dans le service auxiliaire ou l'exemption.

Le simple effacement de la voûte n'est pas un motif d'incapacité de servir.

222. Pied creux.

Le pied creux entraîne le classement dans le service auxiliaire s'il est très prononcé et nécessite l'emploi d'une chaussure spéciale.

223. Orteils surnuméraires.

Les orteils surnuméraires entraînent le classement dans le service auxiliaire si leur disposition exige le port d'une chaussure spéciale.

224. Direction vicieuse des orteils, chevauchement.

La déviation du gros orteil en dehors, le chevauchement

d'un ou de plusieurs orteils, s'ils existent à un degré exagéré, s'ils sont complets, permanents et gênent notablement la marche, peuvent nécessiter le classement dans le service auxiliaire ou l'exemption et la réforme.

225. Orteils en marteau.

L'orteil en marteau assez prononcé pour amener l'usure de la face dorsale de l'ongle par le contact du sol et déterminer une saillie douloureuse de l'articulation phalango-phalangienne motive seul l'exemption du service armé mais n'exempte pas du service auxiliaire.

L'orteil en marteau, même très prononcé, ne motive la réforme qu'après l'échec d'un traitement approprié.

226. Orteils palmés.

Les orteils palmés ne sont un motif ni d'exemption ni de réforme.

227. Mutilation des orteils.

La luxation non réduite du gros orteil entraîne l'exemption et la réforme.

La perte totale du gros orteil ;

La luxation non réduite de sa dernière phalange ;

La perte de deux orteils voisins ;

La perte totale d'une phalange aux quatre derniers orteils du même pied sont compatibles avec le service auxiliaire.

228. Exostose sous-unguéale du gros orteil.

L'exostose sous-unguéale du gros orteil est compatible avec le service armé.

Dans le cas où par son volume elle cause une gêne excessive, elle motive le classement dans le service auxiliaire.

229. Cors, oignons.

Les cors, les durillons, les oignons ne peuvent motiver l'exemption du service armé ou la réforme que dans des conditions exceptionnelles de volume et de gêne : ils sont toujours compatibles avec le service auxiliaire.

230. Mal perforant.

Le mal perforant des pieds est une cause d'incapacité de servir.

231. Affections des ongles.

L'onyxis simple et l'onyxis syphilitique ne peuvent motiver ni l'exemption ni la réforme.

L'ongle incarné ne motive l'exemption du service armé que lorsqu'il a déterminé des désordres assez étendus pour rendre impossible une guérison complète.

La réforme n'est prononcée que si l'affection a résisté à un traitement rationnel et prolongé.

232. Transpiration fétide des pieds.

La transpiration fétide des pieds ne justifie ni l'exemption ni la réforme.

IV. — Aptitude particulière aux différentes armes.

Les jeunes gens déclarés propres au service actif sont répartis par les commandants de recrutement dans les différentes armes, suivant leurs aptitudes physiques et professionnelles, conformément aux fixations déterminées chaque année par une instruction ministérielle.

Les principales conditions physiques nécessaires à certaines armes sont : la taille, l'aptitude à la marche, à l'équitation, aux manœuvres de force.

La première de ces aptitudes, fixée pour certaines armes, se constate à l'aide d'une toise ; la détermination des autres est plus complexe et rentre dans la compétence spéciale du médecin militaire.

En conséquence, celui-ci donne son avis sur l'aptitude physique au conseil de revision et dans les bureaux de recrutement, avant l'incorporation. Il donne également son avis après l'incorporation devant les chefs de corps ou devant les commissions départementales, lorsque ces dernières ont à statuer sur des changements d'arme.

Pour la répartition des jeunes soldats entre les différentes armes ou services, les commandants de recrutement se baseront, d'après les indications données par les médecins, sur les conditions générales d'aptitude suivantes :

Infanterie.

L'aptitude à l'infanterie comporte :

1° L'aptitude à la marche qui nécessite la bonne conformation et le bon fonctionnement des membres inférieurs ;

2° L'aptitude à porter le fusil, les munitions et l'équipement, aptitude qui exige une grande vigueur ;

3° Une acuité visuelle se rapprochant autant que possible de la normale, au moins pour l'un des yeux.

Cavalerie.

L'aptitude à la cavalerie comporte :

1° L'aptitude physique à l'équitation, qui demande plus de souplesse que de vigueur et une longueur suffisante des membres inférieurs ; la conformation des jambes et celle des pieds peuvent d'ailleurs n'être pas irréprochables ;

2° Une acuité visuelle se rapprochant autant que possible de la normale, au moins pour l'un des yeux, et un champ visuel assez étendu.

Abstraction faite de la taille, le poids maximum est de 75 kilogr. pour les cuirassiers, de 70 kilogr. pour les dragons et de 65 kilogr. pour la cavalerie légère.

Artillerie.

L'aptitude à l'artillerie comporte :

Pour les hommes affectés à l'artillerie à pied ou aux batteries de montagne, et pour les servants des batteries montées :

1° L'aptitude à la marche, qui nécessite la bonne conformation des membres inférieurs ;

2° L'aptitude aux manœuvres de force.

Pour les conducteurs des batteries montées et pour les conducteurs servants des batteries à cheval :

1° L'aptitude à l'équitation comme pour la cavalerie ;

2° L'aptitude aux manœuvres de force.

Pour tous les canonniers servants :

Une acuité visuelle se rapprochant autant que possible de la normale, au moins pour l'un des yeux.

Génie.

L'aptitude au service du génie comporte :

Pour les hommes à pied (sapeurs-mineurs, sapeurs-aérostiers, sapeurs du régiment de chemin de fer, sapeurs-télégraphistes) :

1° L'aptitude physique nécessaire à l'infanterie, surtout au point de vue de la marche ;

2° L'aptitude à distinguer nettement le vert du rouge pour les hommes du régiment de chemin de fer, les pontonniers et les télégraphistes.

Pour les conducteurs :

1° L'aptitude à l'équitation, comme pour la cavalerie ;
2° L'aptitude aux manœuvres de force.

Sapeurs-pompiers.

L'aptitude au service dans le régiment des sapeurs-pompiers comporte :

1° Une constitution très robuste, l'intégrité absolue des organes de la respiration et de la circulation, l'absence de tendance aux varices et à la dilatation des anneaux inguinaux;
2° Une aptitude particulière aux manœuvres de force et aux exercices gymnastiques ;
3° L'acuité visuelle remplissant les conditions définies à l'article 77, mais sans correction par les verres.

Gendarmerie et garde républicaine.

L'aptitude au service dans la gendarmerie et dans la garde républicaine comporte les conditions exigées pour l'infanterie et la cavalerie, suivant qu'il s'agit de candidats se destinant à l'arme à pied ou à l'arme à cheval.

Train des équipages militaires.

L'aptitude au train des équipages militaires comporte pour les conducteurs de mulets de bât :

1° L'aptitude à la marche ;
2° L'aptitude aux manœuvres de force.

Les autres cavaliers du train doivent posséder l'aptitude physique à l'équitation.

Artificiers, ouvriers d'artillerie et d'administration, infirmiers militaires.

Pour les ouvriers d'artillerie et les artificiers, pour les commis et ouvriers militaires d'administration et les infirmiers militaires, il y a lieu de tenir compte surtout des aptitudes professionnelles. En outre, les infirmiers devront être choisis parmi les hommes vigoureux. On pourra se montrer moins sévère en ce qui concerne certaines défectuosités physiques qui ne seraient pas compatibles avec le service de l'infanterie, de la cavalerie et de l'artillerie.

V. — Aptitude au service auxiliaire.

Liste récapitulative des infirmités ou défauts de conformation
compatibles avec le service auxiliaire.

1° Les ajournés pour constitution physique trop faible qui,
lors du deuxième examen, ne sont pas encore reconnus comme
bons pour le service armé, sans que leur état physique justifie
pourtant une exemption définitive (art. 18 de la loi du 21
mars 1905) ;

2° L'obésité, quand elle ne motivera pas l'exemption par son
développement excessif (art. 2 de la présente instruction) ;

3° Le psoriasis et l'icthyose, si le premier n'occupe pas de
grandes surfaces et si la seconde n'est pas généralisée
(art. 10) ;

4° Les tumeurs bénignes et les productions cornées, dans
certaines conditions visées aux articles 18 et 23 de la présente
instruction ;

5° Les varices et les fistules lymphatiques, dans certains
cas prévus à l'article 20 ;

6° Le névrome, dans le cas de névrome unique et peu douloureux (art. 26) ;

7° Les ruptures, sections des muscles ou des tendons, les
hernies musculaires, les ostéomes, lorsqu'il n'en résulte qu'une
diminution fonctionnelle peu importante (art. 31) ;

8° Les adhérences et rétractions musculaires, lorsqu'elles
n'apportent qu'une gêne modérée dans l'exécution des mouvements (art. 32) ;

9° Les atrophies musculaires, limitées et récentes, consécutives à des lésions chirurgicales (art. 33) ;

10° Les synovites tendineuses de nature bénigne qui, par
leur siège, n'entravent pas notablement les fonctions du membre (art. 34) ;

11° Les corps mobiles articulaires, lorsque leur présence ne
compromet pas le fonctionnement du membre et ne le rend
pas douloureux (art. 37) ;

12° L'ankylose, lorsqu'elle porte sur une petite articulation
ou lorsqu'elle ne diminue que faiblement l'amplitude des
mouvements secondaires d'une grande articulation (art. 38) ;

13° Les déformations, distensions et relâchements articulaires consécutifs aux entorses, aux luxations ou à d'autres

causes, lorsque les troubles fonctionnels qu'ils déterminent sont peu importants (art. 39) ;

14° Les tumeurs et déformations osseuses, dans les cas prévus à l'article 44 ;

15° Les teignes, et en particulier la pelade, dans les conditions visées à l'article 45 ;

16° La calvitie, lorsqu'elle est très étendue (art. 46) ;

17° Les tumeurs bénignes de la tête, dans les conditions définies à l'article 47 ;

18° L'adhérence partielle du pavillon de l'oreille, son atrophie, ses déformations ou malformations, lorsqu'elles sont peu étendues ou peu prononcées (art 57) ;

19° L'atrésie congénitale ou accidentelle, l'oblitération partielle et la déviation des conduits auditifs, lorsqu'ils n'entraînent qu'une diminution de l'ouïe permettant encore d'entendre la voix ordinaire à une petite distance (art. 58) ;

20° La perforation du tympan sans complication d'otorrhée (art. 61) ;

21° La surdité unilatérale, même absolue (art. 64) ;

22° Les pieds plats et les pieds creux très prononcés :

Les orteils surnuméraires, dont la disposition exige le port d'une chaussure spéciale (art. 221, 222, 223) ;

23° L'acuité visuelle comprise entre 1/2 et 1/4 pour un œil, lorsque celle de l'autre œil est au moins égale à 1/20 après correction, s'il y a lieu, par les verres sphériques (art. 77) ;

24° La myopie supérieure à sept dioptries, à condition que l'acuité visuelle soit ramenée par les verres correcteurs aux limites fixées par le deuxième paragraphe de l'article 77 de la présente instruction ;

25° L'hypermétropie qui, après correction par les verres convexes, ne détermine pas une acuité visuelle inférieure aux limites fixées par le deuxième paragraphe du même article 77;

26° L'astigmatisme, lorsque l'acuité visuelle est comprise dans les limites spécifiées au deuxième paragraphe du même article 77 ;

27° L'ankyloblépharon et le symblepharon peu étendus et lorsqu'ils n'apportent pas un obstacle sérieux à la fonction visuelle (art. 82) ;

28° Les tumeurs bénignes de la glande lacrymale, l'épiphora à un degré modéré, la dacryocystite non suppurée (art. 83) ;

29° Les staphylomes, les taies ou opacités de la cornée, permettant une acuité visuelle comprise entre 1/2 et 1/4 pour un œil et au moins égale à 1/20 pour l'autre œil (art. 86) ;

30° Les vices de conformation de l'iris et les synéchies antérieures ou postérieures permettant une acuité visuelle comprise entre 1/2 et 1/4 pour un œil et au moins égale à 1/20 pour l'autre œil (art. 86) ;

31° Les déplacements, l'opacité du cristallin et de sa capsule, l'absence du cristallin permettant une acuité visuelle comprise entre 1/2 et 1/4 pour un œil et au moins égale à 1/20 pour l'autre œil (art. 87) ;

32° Le nystagmus et le strabisme fonctionnel permettant une acuité visuelle comprise entre 1/2 et 1/4 pour un œil et au moins égale à 1/20 pour l'autre œil (art 92) ;

33° Les malformations du nez, lorsque la gêne qu'elles déterminent dans la respiration et la phonation, tout en étant manifeste, reste modérée (art. 94) ;

34° Les polypes muqueux des fosses nasales (art. 95) ;

35° Le bec-de-lièvre congénital ou accidentel simple et peu étendu (art. 97) ;

36° Les difformités de la bouche et des lèvres résultant de traumatismes, de cicatrices vicieuses ou d'adhérences n'entraînant pas une gêne fonctionnelle importante (art. 98) ;

37° La perte d'un grand nombre de dents, lorsque les gencives sont saines et que la mastication est suffisamment assurée (art. 101) ;

38° La grenouillette, lorsqu'elle est trop volumineuse pour être compatible avec le service armé (art. 108) ;

39° Les fistules de la face, dans certaines conditions d'ordre général visées à l'article 71 et à l'article 110 ;

40° Les lésions traumatiques du cou, lorsqu'elles n'ont pas pour conséquence une infirmité sérieuse (art. 118) ;

41° Le goitre, lorsque par son volume il n'est pas compatible avec le service armé (art. 121) ;

42° Les lésions traumatiques du larynx, lorsque les troubles de la voix ou de la respiration qui en résultent sont peu accusés (art. 125) ;

43° Les laryngites chroniques ou syphilitiques, lorsqu'elles n'entraînent pas de troubles fonctionnels importants (art. 126) ;

44° Les malformations congénitales et les déformations acquises du thorax, dans certains cas prévus à l'article 143.

45° La hernie ombilicale (art. 161) ;

46° Les déviations persistantes du rachis ne constituant pas une difformité notable et assez prononcées cependant pour être incompatibles avec le service armé, excepté lorsqu'elles sont consécutives à des lésions tuberculeuses (art. 170) ;

47° La déviation de l'axe de l'avant-bras en dehors, s'il en résulte l'impossibilité d'exécuter avec régularité et précision certains temps du maniement d'armes. Les jambes déviées — genu valgum, varum, recurvatum — lorsque la gêne fonctionnelle qu'elles déterminent, tout en étant manifeste, n'est pas assez prononcée pour entraîner l'incapacité de servir (art. 209) ;

48° Les lésions traumatiques énumérées à l'article 211, dans certaines conditions prévues audit article ;

49° Les varices, dans certaines conditions prévues à l'article 213 ;

50° Les lésions et mutilations des doigts énumérées dans la 2e partie de l'article 216 ;

51° Les doigts surnuméraires, lorsqu'ils entraînent une gêne manifeste et suffisante pour être incompatible avec le service armé (art. 217) ;

52° Le pied bot très peu accentué, si la déformation est légère et la marche peu gênée (art. 220) ;

53° La déviation du gros orteil en dehors, le chevauchement d'un ou de plusieurs orteils, lorsque ces défauts sont assez accentués pour gêner sensiblement la marche, sans être cependant assez prononcés pour justifier l'exemption (art. 224) ;

54° L'orteil en marteau, dans certains cas visés à l'article 225 ;

55° Les mutilations des orteils énumérées à la 2e partie de l'article 227 ;

56° L'exostose sous-unguéale du gros orteil, lorsque, par son volume, elle cause une gêne excessive (art. 228) ;

57° Les cors et les durillons, dans les conditions exceptionnelles visées à l'article 229.

Paris, le 22 octobre 1905.

Le Ministre de la guerre,

Maurice BERTEAUX.

TABLE DES MATIÈRES

DE L'INSTRUCTION.

I. Considérations préliminaires.

II. Mode d'examen des hommes........ 3 »

III. Maladies, infirmités ou vices de conformation susceptibles de motiver l'ajournement, l'exemption ou le classement dans le service auxiliaire, la réforme définitive ou la réforme temporaire.

AFFECTIONS EN GÉNÉRAL.

Palais.

Cou.

Larynx.

Pharynx.

Œsophage.

Thorax.

Poumon.

IV. Aptitude particulière aux différentes armes.

V. Aptitude au service auxiliaire....... 50

Circulaire relative à l'élimination des hommes physiquement impropres au service militaire.

Paris, le 13 janvier 1908.

Le Ministre de la guerre à MM. les Généraux commandant les corps d'armée.

Au cours de la discussion du budget de 1908, il a été signalé que des jeunes soldats, récemment incorporés, étaient maintenus sous les drapeaux bien que leur constitution générale ne répondît pas aux conditions d'aptitude physique requise par l'instruction en vigueur du 22 octobre 1905.

Cependant mes prédécesseurs avaient, à diverses reprises (circulaires du 20 novembre 1902, 2 mars 1903, 28 novembre 1904), prescrit d'écarter des rangs de l'armée, par la réforme temporaire ou définitive, les hommes reconnus physiquement incapables de supporter les fatigues inhérentes à l'état militaire.

Malgré ces prescriptions, il semble que certains médecins militaires, dans l'appréciation générale de la valeur physique des jeunes gens qu'ils examinent, se contentent parfois d'un minimum d'aptitude trop réduit, et proposent pour le service, en particulier pour le service auxiliaire, des hommes en réalité inaptes.

De semblables errements se trouvent en désaccord avec les dispositions prévues par la loi du 21 mars 1905 sur le recrutement de l'armée et n'offrent que des inconvénients. En effet, l'appel sous les drapeaux d'un certain nombre de jeunes recrues que leur mauvaise constitution générale oblige à éliminer dans un délai plus ou moins rapproché, impose au Trésor des dépenses superflues, crée des embarras au commandement et fait supporter aux intéressés des déplacements et des pertes de temps inutiles.

En outre, cette situation est susceptible de développer chez ces appelés certaines maladies latentes, notamment la tuberculose, et de compromettre souvent l'état sanitaire des corps et des garnisons. La présence de ces soldats en surnombre entraîne, dans les conditions actuelles, le resserrement du casernement avec toutes ses fâcheuses conséquences ; elle favorise l'importation des maladies contagieuses, facilite l'apparition ainsi que la propagation des épidémies, encombre les infirmeries et les hôpitaux et accroît les taux de morbidité et de mortalité de l'armée.

En raison de ces considérations, il est de toute nécessité que les conseils de revision n'acceptent pas de non-valeurs pour le service militaire.

La première condition à remplir au point de vue de l'aptitude physique, aussi bien pour le service auxiliaire que pour le service armé, est de posséder une vigueur corporelle suffisante pour pouvoir résister aux fatigues inhérentes à la vie militaire. Le classement dans le service auxiliaire ne doit donc être motivé que par l'existence d'une infirmité relative ou d'une tare organique légère, suffisante toutefois pour être incompatible avec le service armé, mais « sans que la constitution générale de l'individu soit douteuse ». Il importe d'éviter avec le plus grand soin de prendre des malingres, des débiles, des sujets chétifs dont l'état général laisse à désirer et peut faire craindre une manifestation tuberculeuse dans un délai plus ou moins rapproché.

Aux termes mêmes de l'article 18 de la loi du 21 mars 1905. « tous ceux dont la constitution physique est trop faible, doivent être ajournés à un nouvel examen ».

En conséquence, la visite médicale des jeunes gens qui se présentent devant le conseil de revision doit être aussi détaillée, aussi complète et aussi minutieuse que possible. A cet effet, les médecins experts ont le devoir de se conformer scrupuleusement aux indications contenues dans l'instruction du 22 octobre 1905. Pour apprécier la robustesse, ils tiendront compte des rapports existant entre la taille, le périmètre thoracique et le poids des sujets, mais dans aucun cas ils ne devront déclarer aptes au service armé, ni même au service auxiliaire, des individus dont le poids est inférieur à 50 kilogrammes.

Il est rappelé, d'ailleurs, aux médecins militaires qu'ils n'assistent le conseil qu'à titre d'experts, et que, pour faire connaître leur opinion sur la valeur physique des hommes visités, ils ne doivent employer aucune expression pouvant présenter un caractère impératif et laisser supposer qu'ils émettent une décision qui, aux termes de la loi, ne peut être prononcée que par le président du conseil de revision lui-même.

G. Picquart.

Circulaire relative aux conditions d'aptitude physique auxquelles doivent satisfaire les jeunes gens demandant à contracter un engagement pour les compagnies d'ouvriers d'artillerie et d'artificiers.

Paris, le 17 février 1908.

Un certain nombre de jeunes gens désireux de contracter un engagement de trois ans dans des compagnies d'ouvriers et d'artificiers, en vue de commencer leur service plus tôt et de se perfectionner dans leur métier, ont été refusés par les bureaux de recrutement. Il aurait été fait preuve, dans l'examen physique de ces jeunes gens, d'exigences plus considérables que ne le comporte le service qui incombe aux canonniers des compagnies d'ouvriers et d'artificiers, aussi bien à la mobilisation qu'en temps de paix.

Les commandants des bureaux de recrutement voudront bien inviter les médecins à se conformer à l'avenir aux prescriptions du dernier alinéa de l'instruction du 22 octobre 1905 sur l'aptitude physique au service militaire, et à se montrer plus sévères dans l'examen des jeunes gens de la catégorie ci-dessus visée, en ce qui concerne certaines défectuosités physiques qui seraient incompatibles avec le service des armes combattantes, mais ne diminuent pas l'aptitude au service dans les compagnies d'ouvriers et d'artificiers.

G. Picquart.

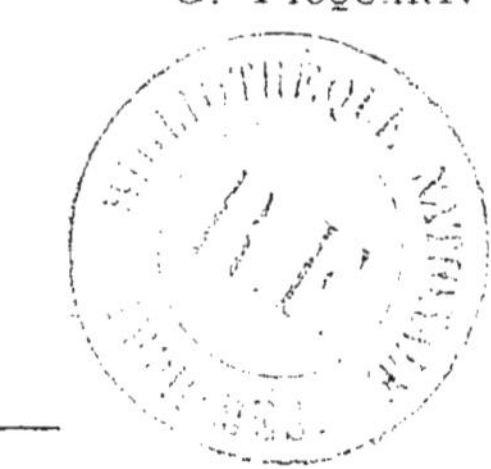

TABLE CHRONOLOGIQUE

TABLE ALPHABÉTIQUE

R

S

V